解讀歷史 學處事 巧做人

一生受用的10個生存智慧

上官雲飛——著

前言

從歷史中汲取人生智慧

歷史，宛如一面寶鏡，映照著人類的興衰滄桑，描繪著情感的起伏波瀾。在這面鏡子中，我們可以看見過去的光華和挫折，觸摸到歷史的脈搏，進而汲取智慧，指引我們在當今世界中遊走，以明智的心態和堅定的信念面對各種挑戰和抉擇。以史為鏡，學習為人處世的智慧，如同一扇通向過去的大門，讓我們能夠從歷史的故事中汲取深刻的教訓，以更聰明的方式來塑造我們的現在和未來。

在這個飛速變遷的時代，我們時常被瞬息萬變的科技和社會風潮所包圍，但歷史卻為我們提供了一個穩固的錨定點。透過研讀過去的人物事件，我們得以檢視先賢智者的行為和思想，了解他們面對困境時是如何堅持信念，克服困難的。正是這些智者的智慧，成為了我們修身養性、處事立身的重要指南。他們留下的智慧之燈，照亮著我們在人生舞台上的每一步，使我們能夠更從容地迎接挑戰，更明智地做出抉擇。

歷史，更是我們的老師，以它的教誨豐富了我們的見識，啟發了我們的思考。從古至今，先賢後學之間的對話，如同一場跨越時空的智慧交流。當我們沉浸於古人的文字和思想中，彷彿與他們一同思索，一同探討人生的哲學。這種對話使我們與歷史融為一體，更深刻地理解人性的複雜性和變幻無常。這樣的對話讓我們超越了個人的局限，站在廣闊的歷史視角中，思索人類的本質、情感、興衰。

以史為鏡，能鼓勵我們不斷反思和學習，以過去的智慧指引當下的行為。每一個時代都有它獨特的風景和挑戰，但人性的固有特質卻是恆常不變的。正因如此，透過研究歷史，我們能夠從先賢的智慧中尋找共通的價值觀，並將其融入當今的生活。歷史是一座寶藏，其中埋藏著無數寶貴的寶石，等待著我們去發掘、磨練和傳承。

總之，「傾聽歷史前進的足音，領悟做人處事的智慧以史為鏡」，是我們在人生舞台上的重要課題。透過對歷史的學習，我們能夠不斷提升我們的智慧，培養更富有深度和廣度的思考能力，並在紛擾的現實中保持內心的平靜。歷史是我們的鏡子，透過它，我們能夠更好地認識自己，更明智地迎接未來的挑戰。

本書涵蓋了古今歷史上很多精彩紛呈而發人深省的故事，性格各異的歷史人物在歷史舞臺上上演著一幕幕悲劇或者喜劇。透過它們，我們可以從更高的境界、更好的角度立身處世，更明智地處理人際關係，更輕鬆地處理生活中的各種難題。

目次

一前言一 從歷史中汲取人生智慧 2

第一章 品行，決定你的一生

第一則 天下沒有白吃的午餐 14
第二則 人不信則不立 17
第三則 接受他人的建議 20
第四則 以天下蒼生為己任 22
第五則 立場堅定則大事不含糊 25
第六則 一諾千金真丈夫 27
第七則 真誠贏得尊重 30
第八則 得饒人處且饒人 33

第九則 偷雞不成蝕把米 36
第十則 將心比心謀共識 38

第二章 心態決定命運

第一則 驕傲使人落後 46
第二則 能屈能伸大丈夫 49
第三則 忍辱負重，臥薪嚐膽 52
第四則 淡泊名利，榮辱不驚 57
第五則 大肚能容天下之事 60
第六則 不可放縱自己的情欲 64
第七則 遠離安逸的生活 67
第八則 人外有人，天外有天 71
第九則 不恥下問 74
第十則 天將降大任於斯人也 76

第三章 真誠對待，真心相待

第一則 傾聽，才有辦法溝通 84
第二則 良言一句三冬暖 87
第三則 要善良真誠對待每一個人 91
第四則 獨木不能成林 94
第五則 真誠也需明是非 97
第六則 適當放低姿態 101
第七則 換個角度考慮問題 104
第八則 巧妙指正別人的錯誤 108
第九則 真心的另外一半還是真心 111
第十則 逆耳忠言終有益 114

第四章 做個有智慧的人

第一則 發揮大腦的價值 122

第二則 不通則變，變則通 125
第三則 魯莽是偽裝的勇敢 129
第四則 明澈的洞察力 133
第五則 投其所好，將計就計 137
第六則 冷靜可以淡化情緒 141
第七則 善於察言觀色 144
第八則 學會利用各種資源 147
第九則 發散思維的巧妙利用 151
第十則 凡事預則立，不預則廢 155

第五章　做個有遠見的人

第一則 堅定道德的旗桿 162
第二則 最偉大的困難造就最偉大的人 166
第三則 識時務者為俊傑 170

第四則　跳脫舊有的模式　174
第五則　看透事物的本質　177
第六則　搶佔優勢才可以先聲奪人　181
第七則　有膽識的人就是強者　184
第八則　知己知彼，百戰百勝　188
第九則　創造條件，相機而作　191
第十則　從生活中汲取學問　194
第十一則　善於分析的能力　198

第六章　有想法才能有作為

第一則　思考不能單行道　206
第二則　臨危不亂，急中生智　209
第三則　擁有正確的智慧　212
第四則　聽取多方的建議　215

第五則　奇思妙想，巧取勝　218
第六則　穩定自己的情緒　221
第七則　締結同盟，創造力量　224
第八則　化劣勢為優勢　227
第九則　善動腦，妙計出　230
第十則　巧妙利用心理學　234
第十一則　堅定自己的立場　238

第七章　完善自己則人定勝天

第一則　斷捨離的勇氣　246
第二則　以不變應萬變　249
第三則　不貪婪、不妄想　252
第四則　主動出擊，贏得生機　256
第五則　保存實力，厚積薄發　260

第六則　往成功的路上前進　263
第七則　大智若愚　265
第八則　沉著方能自救　268
第九則　推敲事物的運作　273

第八章　深謀遠慮，奠定勝局

第一則　以智取勝，雄辯禦侮　280
第二則　不可全拋一片心　283
第三則　掌握事物的規律　286
第四則　成事不急於一時　290
第五則　機會，只給準備好的人　294
第六則　驕傲是勝利的敵人　299
第七則　時機，是不等人的　302
第八則　巧妙運用心理戰　305

第九則　糾正自己的缺失　307
第十則　事實勝於雄辯　310

第九章　謹慎駛得萬年船

第一則　留心周圍的事物　318
第二則　觀察細微，趨利避凶　321
第三則　不要只看表象　323
第四則　謹慎駛得萬年船　326
第五則　危機不會只出現在眼前　329
第六則　留點思考的空間　332
第七則　流言止於智者　335
第八則　資訊的可信度　339
第九則　隨時提高警覺心　342
第十則　凡事多想幾步棋　345

第十章 自立自強，走向成功

第一則 心胸豁達大丈夫 352
第二則 嚴於律己，寬以待人 355
第三則 學會控制自己 359
第四則 不要被感覺帶著走 363
第五則 做一個勇於實踐的人 366
第六則 處變不驚，終成大事 369
第七則 萬事通才能解萬事 373
第八則 見微知著避禍害 376
第九則 打造自己的人格魅力 379

第一章

品行，決定你的一生

第一則

天下沒有白吃的午餐

當別人無緣無故送東西給你，就要考慮到背後的用意，無功不受祿，貪小便宜往往吃大虧。

春秋時代，晉國逐漸失去霸主的地位，國勢也愈加衰落，到了晉定公的時候，晉國六卿，也就是范、中行、智、趙、魏、韓，這六個氏族的勢力開始強大，並且互相爭權，根本不把國君看在眼裡。

而范、中行這兩個氏族被消滅之後，智伯又聯合趙、魏、韓三卿，將他們的國君趕出晉國，自此，晉國的大權，盡歸於智伯之手。

然而，智伯的野心不只於此，他藉著結好衛國的名義，派使者贈送給衛侯四匹良馬和一枚白璧。只見這四匹良馬長得膘肥體健、四蹄生風，衛侯當然是喜不自勝；再看著通體透白、宛如凝脂的璧玉，更是愛不釋手，拿在手上不停把玩。群臣也認為這是喜事，都前來祝賀。

上大夫南文子也來了，他看過良馬，又看了寶璧，不僅沒有向衛侯致賀，臉上反倒蒙上了一層憂慮之色。

衛侯覺得很奇怪，便問：「智伯派人送給寡人良馬寶璧，大臣們都來向我道賀，而您卻面帶憂慮，這到底是怎麼回事？」

南文子慎重地說：「我們沒有任何功勞卻受到賞賜，沒有勢力卻收到重禮，這不能不考慮智伯送禮給我們的用意。再說這良馬與璧玉，向來都是小國進貢給大國的禮物，而現在智伯卻把禮物送給我們衛國，您不覺得奇怪嗎？智伯眼下獨攬晉國大權，早有吞併趙、魏、韓三家的野心，怎麼會向衛國結好呢？」

衛侯有些明白了。

南文子又說：「臣以為，智伯定有併吞衛國，壯大自己勢力的企圖，國君不可不嚴防呀！」衛侯一聽，大為焦急，立刻命令大將屯兵邊境，嚴加戒備。

之後，智伯果然發兵前來偷襲，他帶著大隊人馬剛至邊境，見衛國邊防戒備森嚴，只好歎了口氣說：「衛國有賢人已料到我的計謀了。」只得悻悻然回去。

回到晉國的智伯，心有不甘，又想了一個辦法，他與長公子顏假裝父子失和，讓顏假意被他驅逐，帶著部分軍隊投奔衛國，以便裡應外合。

長公子顏依計照做，來到衛國，然而，南文子再次識破這個陰謀，他說：「公子顏的賢名遠近皆知，智伯又很寵愛他，會無緣無故逃亡衛國，其中必然有詐。」他對晉國來的使者說：「衛國可以收留公子顏，但他的車乘若超過五輛，就不許入境。」

智伯聽說此事，讚歎道：「南文子真是料兵如神啊。」於是，打消偷襲的念頭。

南文子識破了智伯的詭計，靠的不僅是自己的智慧，還有高尚的品格，使衛國免除滅頂之災。

「天上掉下來的禮物」，究竟是福還是禍？不屬於自己的錢財，最好還是不要納入自己口袋，免得惹禍上身。當有人跟你說，有個簡單的方法，就可以賺大錢，你聽還是不聽呢？老鼠會便是利用人性的貪婪，先吸引你進去他們的組織，再以利益誘惑你，然後慢慢叫你吐出錢。

許多詐騙集團也是如此，先釋出一點好處，再放長線釣大魚，其結果可想而知。

想要明哲保身，避免麻煩，最好的方法就是不要貪圖不屬於我們的錢財。任何貪圖小便宜的做法都將吃大虧，只有依靠高尚的品格才能真正地幫助人們獲取勝利。

第二則

人不信則不立

承諾，是一個人的信用，一旦開口就該努力兌現，出爾反爾，反而會讓人對你失去信任。

西元前六八一年，齊桓公奉王命以臨諸侯，布告宋、魯、陳、蔡、衛、鄭、曹、邾諸國，約三月朔日，要在齊地北杏會盟。

不料日期已到，魯國卻抗命不願前來赴會，齊桓公便以毀約之名，起兵征討。齊軍率領大隊軍馬，勢如破竹，很快地就把魯國打敗，魯莊公驚惶失措，只得修書請和：「孤有犬馬之疾，未能如約赴會。君以大義責備，孤知罪矣！然城下之盟，孤實恥之。若退舍於君之境上，孤敢不捧玉帛以從！」見魯莊公已經知罪，齊桓公也就允諾退兵，在齊國柯地築壇，讓魯莊公前來謝罪請盟。

魯莊公準備離開之時，向他的大臣說：「寡人越境求盟，誰肯同行，保全君臣體面？」將軍曹沫欣然請命。

到了那天，齊桓公令他的士兵在壇下守衛著，七層壇階都有將士把守，遠遠望去，旗甲鮮明，戟戈耀眼，一派整肅氣氛。儐相傳令：「只許魯國一君一臣登壇，任何人不得隨行！」

只見魯莊公臉色灰白，腳都快站不住了，他巍巍往前，而曹沫帶著佩劍，全無懼色。君臣二人才剛登上第一層壇，齊國的士兵便阻攔說：「今日兩君會盟，不准攜帶兵器。」曹沫瞪大了雙眼，齊兵覺得這個人不好惹，退了下去，曹沫遂順利保護魯莊公直至壇上。

兩君相見，免不了說些客套話，魯莊公自知理虧，不論齊桓公說什麼，他只能稱是。兩國國君正要在香案之前，歃血盟誓，曹沫突然右手拔劍，左手抓緊齊桓公的衣袖，厲聲請命：「請齊侯歸還魯國汶陽之地，兩國休兵方能盟好。」事出突然，齊桓公嚇了一跳！但情勢所逼，他雖然不情願，但也指天發誓，當面答應。這時，曹沫才丟下佩劍，又拜又謝。兩國國君這才舉行了隆重的歃盟儀式。

事後，齊國諸臣打算劫持魯侯，以報曹沫之辱。齊桓公則說：「寡人已經答應曹沫，不能夠恃強欺弱。匹夫有約，尚不失信，況且是一國之君呢？為了一時的氣憤，劫持魯侯，殺了曹沫，一定會在諸侯面前失去信義，被天下人所看不起的。」次日，齊桓公置酒為魯莊公君臣送行。隨後，命南鄙邑宰將齊國侵占汶陽的土地，盡數交割，還歸魯國。

史籍評價：「昔人論要盟可犯，而桓公不欺，曹子可仇，而桓公不怒，由所以服諸侯霸天下也。」另有詩云：「嵬嵬霸氣吞東魯，尺劍如何能用武？要將信義服群雄，不吝汶陽一片土。」列國諸侯聽到這件事後，皆服齊桓公的信義，稱讚說：「齊侯真是守信義的君主，和齊聯盟盡可放心了。」

後來，齊桓公為眾諸侯推舉稱霸。之所以如此，不僅是因為齊國軍力強盛，守信義也是一個重要的原因。

不論是在社會、職場，甚至家庭，沒有信任就沒辦法維持和諧。信用，是人與人相處的重要關鍵。

一個人言而有信，人們才敢將事情交待寄託給你。一個有信用的人，做任何事都無往不利。因此，在立下承諾之前，我們要確知自己的能耐。若做不到，就不要答應；答應了，就要好好去做。要知道，信用的建立需要花很長的時間；但是破壞信用，卻只要一瞬間。

第三則

接受他人的建議

在充滿競爭的社會，只有廣泛聽取意見，接納和吸取眾人的才智，採取應對措施，才能在競爭中立於不敗之地。

戰國初年，魏文侯禮賢下士，言而有信，團結友鄰，使得魏國迅速強大。魏文侯不僅拜卜子夏、田子方為國師，每次經過名士段干木的家門口時，也都會在車上俯首行禮。四方賢才聽聞都前來歸附他。

不過魏文侯最為人所知的，便是他樂於接受他人意見。有一次，他派大將樂羊攻打中山國，一舉攻克，他便把中山國封給自己的兒子。魏文侯問群臣：「我這個君主怎麼樣？」大家異口同聲地說：「您是仁德的君主！」只有任座直言說：「您得了中山國，不封給您的弟弟，卻封給自己的兒子，這算什麼仁德君主！」魏文侯臉色一變，看似動了怒，正要發作之時，任座見勢不妙，便快步離開了。接著，魏文侯又問翟璜，翟璜回答說：「您是仁德君主。」魏文侯問：「何以見得？」翟璜回答說：「我聽說國君仁德，他的臣子就敢直言。剛才任座之言耿直不晦也未見您動怒，因此我確知您是位仁德君主。」魏文侯聞言有所領悟，立刻派人將任座請回來，並且還親自下殿迎接，把他奉為上賓。

又有一次，魏文侯與田子方一起飲酒，席中有樂官奏樂助興。文侯聽了聽，覺得有些不對勁，就說：「編鐘的樂音好像有些不協調。」田子方聞言，微微一笑。

魏文侯十分詫異：「你笑什麼？」田子方侃侃而談：「臣曾聽人說，國君懂得任用樂官，不必懂得樂音。現在國君您精通樂音，我可有些擔心您會因此疏忽了任用官員的職責呢！」魏文侯點頭說：「您說的是，敬聽夫子的教誨。」

魏文侯之所以能贏得眾諸侯的尊敬，就是因為他善於採納群臣的建議，懂得虛心接受，不會一意孤行。一國的君王肯以開放的心胸去接受諫言，如此，國家自然強盛。

人都有盲點，往往看不見自己的過失，一個人如果肯接受他人的批評，改正自己的缺失，很快地，缺點就會消失；最怕的是明明知道其他人說的是真話，卻拉不下臉，惱羞成怒，這樣的話，只能永遠停留原地，沒有進步空間了。

第四則

以天下蒼生為己任

一個人能將其他人的利益看得比自己還重，即便在困境中仍能幫助別人，這是難能可貴的精神。

有一次，魏文侯想要遴選宰相，他所屬意的人選有兩位，一位是魏成，一位是翟璜。魏成很不錯，翟璜也不遑多讓，選了這個怕失去那個，他大為煩惱，便徵求李克的意見。

魏文侯說：「先生曾經說過，家貧要有賢妻，國亂要有名相。現在丞相的人選有魏成和翟璜二人，這兩個人都非常優秀，究竟要選誰呢？」

李克道：「俗話說：身分低微的人，不要插手偉人的事，也不要管別人的家務事。卑職實在不敢回答這個問題。」

「先生不要顧慮那麼多，請多多指教。」

「不，卑職並不是顧慮太多，只是希望國君好好考慮。至於鑑定人物的原則，有以下五項：當一個人際遇不佳時，會和誰親近？當他富裕的時候，又曾經幫助過誰？位高權重時，又會任用什麼樣的人？在困境的時候，是不是還能夠堅持原則、守正不阿？貧窮的時候，是不是能去掉貪念，不為利益所動？國君只要依照這五項原則來決定就可以了。」

魏文侯恍然大悟。「嗯！有道理，我已經想好了。」

李克離開王宮，在回家的路上，經過翟璜的住處，進去和他聊一下，並談起魏文侯選擇宰相的事情，重述了這段談話。

翟璜問李克：「依閣下看，魏文侯會決定用誰呢？」

「恐怕是魏成吧！」

「這就奇怪了，我哪一點比魏成差呢？更何況還是我把你介紹給魏文侯的呀！」翟璜不滿地說道。

李克肅然答道：「大人該不會是為了自己升官，想要自組派系，才把我推薦給魏文侯的吧？我只不過是提供他幾個原則，而最終決定宰相人選的還是魏文侯自己。依我看來，魏成被拔擢為宰相的可能性比較大。因為魏成能夠把他十分之九的薪俸施捨給別人，自己只留下十分之一，因此獲得國君的老師子夏、田子方、段干木這三人的支持，而大人所推薦的五個人，只不過是魏文侯一般的臣子罷了！」翟璜聽了之後，隨即知道自己不如人之處，他低下頭來向李克道歉，懊悔自己的自大。

很多人在日常生活之中，自然而然表現出高尚的情操，這種道德情操對人格的發展十分重要，而旁人看在眼裡，也會記在心上，自然而然會被他所吸引。

從這個故事可以看出，魏成和翟璜的差異就在於，魏成願意為他人無私的付出。他這種樂善好施的精神，為他帶來了良好的名聲。

一個人如果把別人看得比自己還重，心繫蒼生，心胸必然與眾不同，受人尊重。

第五則

立場堅定則大事不含糊

人在緊急的時候，要能堅持自己的立場並不容易，既需要自己的人格魅力，還需要聰明的智慧。

宋太宗任用官吏非常用心，很少有官吏能夠玩弄權勢、欺上瞞下，尤其是丞相的人選，大多能夠發揮政治才能，盡職盡責，不負他的期望。

宋太宗任用的最後一位丞相是呂端，他是一位極為優秀的政治人才。呂端才上任不久，就有人說：「呂端處理事務的能力不值得信賴。」可是了解呂端的宋太宗聽到這句話時，這麼為他辯駁：「呂端處理小事的確不怎麼樣，但是大事卻難不倒他。」

日後，宋太宗病危，朝中勢力強大的宦官繼高，想廢掉太子，改立能被他操控的長子元佐為新帝，朝中許多大臣都表示贊同，事態十分嚴峻，宋太宗駕崩之後，皇后立即命繼高召見呂端。呂端當然知道繼高和皇后的用意，於是用計將繼高騙到書庫，反鎖起來，再逕自到宮裡晉見皇后。皇后見他前來，便開始商量嗣位一事，呂端毫不動搖，義正詞嚴，凜然回答：「先帝事先決定太子，就是為了防患於未然，沒有什麼好商量的。」皇后聽到這裡，知道呂端的心意堅定，也無話可說。

接著，呂端馬上召集群臣，舉行太子的登基大典。太子登基的時候，呂端甚至要求揭開皇帝座前的簾幕，確認是先帝所立的太子，才和百官一起跪拜新任太子。等到繼高從書庫被放出來時，太子已經登基，他已無計可施了。

正如宋太宗所言，呂端處理朝政大事，立場堅定，一點都不含糊，就算情勢有變，他也能堅持自己的立場不為所動，令人佩服。

面對局勢的改變，很多人會為了自己的利益，紛紛拋棄原來的立場，為了求生存，這是人之常情。但那些能夠堅持立場，毫不動搖，維持自己信念的人，實屬大不易，他們既要迫於局勢的改變，還要捍衛自己的信念，往往處在煎熬當中，他們的心性比一般人更為堅毅，對真理也相當執著。

一個立場堅定的人，不論任何事情都不會改變他們的心念，道德情操也很高，對這樣的人，我們實感敬佩。

第六則

一諾千金真丈夫

誠信乃「為人之道，行事之本」。一個人，一個企業，乃至一個國家，如果沒有了誠信，則難逃名存實亡的命運。

西元前三五九年，商鞅準備實行變法改革，但秦國的貴族唯恐變革損及他們的利益，都予以反對。商鞅對秦孝公說：「一個偉大的君子，想要成就一番作為，就不能附和一般人，這些平凡人是沒辦法和他們談論要事、共議大業的。想要使國家興盛，就不能拘泥於舊有的傳統，要不然沒有辦法進步。」

大夫甘龍反駁說：「按照舊法來治理國家，才能使官員懂規矩，百姓才能安居樂業。」

商鞅說：「普通人只知道安於舊習，平凡學士往往受限於自己的學識，這兩種人為官只懂守法，而無法和他們商討開創大業。需要有聰明且具遠見的人，制訂新的法規政策，國家才會進步，愚人只會拘泥於現狀，裹足不前；一個賢能有才之人，懂得因應時勢改變創造新氣象；無能的人則墨守成規，一點作為也沒有。」這番話說服了秦孝公，於是秦孝公任命商鞅為左庶長。

新的法令已經制訂，還沒有公布，商鞅擔心百姓會難以信服，就想了法子——他命令下屬在國都的南門集市，放了一根長三丈的木桿，還貼出告示表示：「如果有人能把此三丈木桿拿到北門去，就賞十金。」

十兩金子，是很大的誘惑，只是百姓們覺得這事也太離奇了，心想天下不會有這麼好的事，所以沒有人前去行動。

商鞅知道後又重新宣布：「凡是能將木桿從南門拿到北門的人，則重賞五十金。」

重賞之下，必有勇夫，這時有個人想，反正拿著木桿從南門走到北門也沒有什損失，況且扛這木桿對他來說也不是什麼難事，便扛起木桿，朝北門走去。百姓看了都紛紛跟在他的身邊，想知道他這麼做究竟能不能得到賞金。

當這個人把木桿拿到北門，商鞅立即賞給此人五十金，很快的百姓都知道了這個消息，明瞭商鞅說到做到、言而有信。於是，商鞅下令頒布變法法令，很快便得到了大家的擁護。

秦國之所以能成為歷史上的強權，這點與商鞅變法的順利成功有著極大關連。商鞅變法之所以成功，是因為他說一是一、說二是二，雖然變法嚴苛，但也讓人見識到他的認真以及守信。

誠信可以說是人與人之間互動的根本，當誠信建立起來，人們才會對你產生信任、有所信賴，覺得你這個人值得依靠而願意託付。

信用，也是一個人的道德體現，代表你說到做到，當一個人言行一致時，自然也就無往不利了。

松下幸之助曾說：「信用既是無形的力量，也是無形的財富。」足見誠信之於人，不論是品德的肯定，或是理想的追求，都是一大助力。

第七則

真誠贏得尊重

真正的忠誠，不是消極的跟隨，而是積極的協助；是根據自己崇高的目標而真誠付出。

西元前五九七年，楚莊王率軍攻打鄭國，攻破郊圍，直抵鄭都城下。鄭襄公急忙派遣使者，向晉國求救；然而鄭國孤軍奮戰堅守了半個月，軍士死傷甚眾，仍不敵楚軍的攻勢。

最終楚軍攻破城門，鄭襄王只得親自謝罪請盟，向楚國求和。然而正當獲勝的莊王準備班師回朝時，晉國的大將荀林父、副將先穀已經率領援軍趕到了。

因為楚軍與鄭國的戰事方休，士兵們均已顯露疲態，楚莊王遂派出使者，請罷戰修和。荀林父答應了，先穀卻大為反對，他對著楚國的使者痛罵：「是你們奪我屬國在先，如今卻想談和，就算元帥答應，我也決計不肯，務必要殺得你們片甲不留！」

於是先縠違背荀林父的命令，私自出戰，卻造成晉軍大敗，喪權辱國。

晉景公知道了，怒氣沖沖，怒斥大將荀林父督軍不力，下令將之推出午門斬首。荀林父嘆息道：「我身為三軍統帥，兵敗而喪師，死而無怨。請國君汲取這次失敗的教訓，讓晉國再次強大起來……」群臣聽了，都覺得荀林父功在晉國，只憑打一次敗仗就判處死刑，未免不合情理，便有人為他求情。

「敗軍之帥，罪大當誅。有再多言者，與荀林父同罪！」晉景公盛怒之下，事情完全沒有一點商量的餘地。晉景公此話一出，誰也不敢再說半句公道話了，大家都怕項上人頭不保。「主公請賜臣一死，留下晉國統帥！」這時，有人開口了，晉景公見是自己平日喜愛的臣子士會，大為氣惱，但想到若真要殺掉士會，他還真捨不得。

士會毫無畏懼，坦然說道：「荀林父是我們晉國的棟樑，屢建戰功，進則盡忠，退則思過，將這樣的人殺了，只是樂了敵國，於我們有弊無利啊！王上一定還記得城濮之戰吧？當時我軍大敗楚軍，繳獲無數兵械財物，但先君仍心懷憂慮說道：『楚帥成得臣善戰，只要他活著，晉國便無安寧。』後來，成得臣在回楚國的路上自殺了，先王高興的手舞足蹈。果然，楚國兩代一蹶不振。從這件事上不難看出，一個有治軍能力的統帥，對一個國家來說有多重要。王上何不讓荀林父戴罪立功呢？」

晉景公靜靜聽著，怒氣也消了。後來，他聽從士會的意見，斬了違抗帥令的先縠，恢復了荀林父原職。命六卿治兵練將，為待機復仇做好準備。

真正的忠誠是敢於冒死直諫，沒有私心，毫無畏懼，即使面對生命的威脅，也不會變更自己的初心。

我們對於忠誠也要有正確的了解，所謂忠誠，是知道自己所言、所做，都是為了國家、為社稷謀福利，而不是對君王的命令一味的支持。

士會不畏晉景公的威脅而開口，為晉國留下了一名大將，是因為他待君王以忠，待國家以誠啊！

第八則

得饒人處且饒人

人情留一線，日後好相見。有些人可能是無心之過，懂得寬容，也等於是給對方和自己都多些機會。

西元前六〇六年，楚莊王率兵滅了叛黨，回到郢都，開了一個慶功宴，君臣們興致高昂，飲酒歡慶，從白天一直喝到晚上都未停歇。這時，天已經黑了，楚莊王便命人點上蠟燭，繼續喝酒，同時吩咐他最寵愛的妾許姬出來為群臣斟酒，將領們興致都很高昂。

許姬一一為群臣倒酒，突然，一陣怪風吹到大廳之上，熄滅了所有的蠟燭。這時，有個人趁機拉住許姬的袖子，許姬趁亂之中，將那個人的帽子揪了下來，然後快步來到楚莊王身邊，將此事告訴了楚莊王，懇請楚莊王給她討個公道。

調戲君王的寵姬，無疑是對君王的羞侮，這可是大逆不道的行為啊！但楚莊王並沒說什麼，只聽他高聲一喊：「寡人今日要與諸卿開懷暢飲，大家統統把帽子摘下來吧！」

文武官員覺得莫名其妙，但王命又不敢不從；當他們把帽子都摘下後，楚莊王才叫人點上蠟燭，又叫人端上許多酒。由始自終，楚莊王和許姬始終不知道拉袖子的人是誰。

散席後，許姬責怪起楚莊王。楚莊王笑道：「今天是我宴請文武百官，大家很高興，喝得都差不多了，酒醉出現狂態，這又有什麼奇怪呢？如果將那個人查了出來，只會讓群臣對我感到懼意，到時不歡而散，還會說我的胸懷和度量太小，那以後誰還會為我拚死效勞呢？」許姬聽了無話可說。

後來，楚國與鄭國交戰時，前部主帥的副將唐狡，自告奮勇，帶著一百多人做先鋒，為大軍開路。他戰無不勝，攻無不克，使楚軍進展順利。楚莊王要厚賞唐狡。唐狡卻紅著臉說：「大王不用重賞了，只要不治我的罪，末將已感激不盡了。」

楚莊王奇怪地問：「為什麼呢？」

唐狡磕頭答道：「上次『太平宴』上，去拉美人手的便是我呀！蒙大王昔日不殺之恩，末將今日才能捨命相報啊！」楚莊王大喜，還是重賞了他。

人都有犯錯的時候，如果能夠給人一些反省、改過的機會，又何嘗不是美事一樁。處理事情不是只有嚴懲一途，有些人犯了大罪，有法律治罪；有些人犯了些小罪，便鬧上法庭，事情也不見解決。多點寬容，給對方一個痛定思痛，反省、改過的機會，未嘗不是另一種方法？

當然了，我們在給對方改過自新的機會時，也要看對方的態度是不是誠懇，是不是真的有心想要改變；多些圓滿，這世界會更和諧。

第九則

偷雞不成蝕把米

人來到這個世界不光是為了金錢，過分注重金錢，最終將會越陷越深，最後造成不可挽回的悲劇。

西元前三一四年，秦惠文王想要發兵攻打齊國，因齊楚結盟而不能如願，便派張儀赴楚遊說。張儀進到楚國，得知楚懷王的寵臣靳尚「在王左右，言無不從」，知道這個人可以利用。於是先用重金賄賂靳尚，然後去見懷王。

張儀對楚懷王說，秦王派我來與貴國交好，可惜大王與齊國通好，若大王肯與齊國絕交，秦王願把商於之地六百里獻給楚國。

楚懷王一聽，便動了心，他高興地對張儀說：「秦肯還楚故地，寡人何愛於齊？」

此事遭到大臣陳軫的極力反對，靳尚卻為之辯護說：「不跟齊國斷交，秦國怎麼願意將土地還給我們？」

事已定局，楚懷王遂以相印授張儀，並送給他良馬、黃金，之後與齊國斷交，同時還派使臣隨張儀回去秦國，以接受商於之地。

張儀回到咸陽之後，就稱病不出，等到對齊國跟楚國的離間已然成功之後，他便跟楚國的使臣說，獻給楚王的土地是六里，而不是六百里。楚懷王惱羞成怒，在西元前三一二年，派十萬大軍攻打秦國，結果兵敗將亡。

那些跟楚懷王一樣，看到好處，就忘了道義的人，只要用金錢利益誘惑，就能使他們就範，古往今來，不乏這種例子。利令智昏，必然亂謀，從而上當受騙。

金錢不是萬能的，楚懷王失去的不只是原本講好的六百里地，還有跟齊國的同盟，這可不是送上萬兩黃金，就可以彌補起來的。

因為金錢而失去了更龐大的價值，這種人是最傻的，有些價值雖沒辦法利用尺規、磅秤去計量，但卻遠遠超過金錢所能給予的協助。

一個人要端正對金錢的追求態度，樹立正確的價值觀，正確地對待利益和誘惑，才能正身修性，不至於利令智昏，要不然就會像楚懷王一樣，貪利不得反失利。

第十則

將心比心謀共識

在現實生活中，總會遇到很多爭端，當下人們首先考慮的都是自己的利益，然而設身處地為對方著想，才能達成共識，解決問題。

明朝宰相嚴訥，很重視教育。有一年，他準備資助家鄉建立一座學堂，在規劃土地時，自然會碰到民房拆遷問題。嚴訥告誡當地政府，處理拆遷一事，一定要合情合理，不要驚擾到百姓，下屬也都樂於聽命，由於處理得當，房屋規劃進行得很順利。

眼看就要結束時，在地基的邊緣，有一座破舊的民房，主管人去查看時，見是一家賣果酒蔬菜的小店，就對屋主說：「嚴宰相資助家鄉蓋學堂，你這房子正好在其範圍內，需要拆遷，你就出個價吧！」

然而屋主世世代代都居住此處，要他們搬走也捨不得，而且把屋子賣了，也覺得愧對祖先，雖然屋主打從心裡很欽佩嚴訥，但心裡實在矛盾，便說：「嚴大人為民著想，小民感激不盡。可是我這房屋是祖上傳下來的，要是在我手中丟了，又覺得愧對列祖列宗，小民也很為難啊！您就把俺的心事稟明嚴大人吧！希望他能夠諒解。」因為嚴宰相一再告誡不能對民動粗，主管這件事的人急怒不得，只得回頭向宰相稟報。

嚴訥聽了彙報，想了想說：「他不肯賣就不必硬買。其他的房屋先動工，這戶人家我自有辦法。」

主管人聽宰相這麼說，覺得好奇，便向他請教。嚴訥說：「不過是投其所好罷了。到時候工地所需要的酒菜、蔬果，全委由這戶人家採辦，價格隨他，而且要預先付款。」主管人不明白嚴訥在想什麼，心裡雖犯嘀咕，卻也沒說什麼，聽話照做就是。

學堂如期動工，興建工程如火如荼展開。幾百號人的吃喝，全由那戶人家採辦，往日蕭條的生意，一下子變得興隆了！全家人傾巢出動，起五更睡半夜地忙，有時還忙不過來，只得雇人幫忙。學堂的地基還未打好，這家人就已經賺了不少錢，屋主樂得合不攏嘴。

可有一件事也讓他困擾，就是為了供應這些工人吃飯，屋子裡所擺放的酒菜、蔬果，不只放在地上，還放在桌上、櫃子裡，再這樣下去，恐怕連床都得讓這些貨物擺放了。看來，這間屋子真的太小了。嚴訥對於屋主的心理掌握得一清二楚，這時候，他再派人去找店主，說：「過兩天我們還要再增加幾百名工人，你的生意將更發達了！」

屋主高興得滿面紅光，卻又十分抱歉：「感謝一切全仗嚴宰相的關照，我們才有今日的富足。想當初宰相要買下這片地基，我卻捨不下這破陋的小屋，為難你們，也辜負了宰相的厚意，小民實在有愧啊！」

很快的，店主便主動同意讓出小屋。嚴訥得知後，連忙吩咐主管人在附近找了間寬敞舒適的新屋賣給店主，那家人最終愉快地搬走了。

此事傳出後，人們紛紛讚譽嚴宰相的高尚官品，說他是個有智有謀，又能體諒百姓疾苦的好官。

經過嚴訥宰相的一番努力，不僅讓店主心悅誠服的搬遷，同時也為自己贏得了好名聲。這就是懂得將心比心的善果，此舉更體現了一個人的智慧和品德。

每個人都有感到為難或立場不同的時候，當對方和我們的意見產生衝突時，不妨先冷靜下來，站在對方的角度，從對方的立場出發，就能夠平心靜氣，順利和對方化解衝突。

凡事體貼他人，懂得對方的為難與困境，站在對方的角度為他設想，對方也更容易與我們化敵為友。將心比心能夠使我們與他人的距離拉近，氣氛和諧，有同理心的人不但人品高尚，同時也更能找到解決問題的好方法。

以史為鏡的 Smart Talk

- 保持警覺心：在接受他人善意或建議時，要保持警覺，不過於輕信，而是進行深入的思考，以確保了解背後的用意和可能的影響。
- 避免貪欲與快速利益：在面臨誘惑時，要避免只追求眼前的短暫利益。應該考慮長遠的後果，避免因為一時的得益而傷害自己的價值觀和道德原則。
- 勇於防範與預見：生活中要善於觀察和預見可能的風險和危險。提前採取措施以防範潛在的問題，才能夠避免不必要的困擾。
- 守信用：信用是建立人際關係和合作的基石。遵守承諾和諾言，能夠贏得他人的信任和尊重，同時鞏固自己的信譽。
- 不強欺弱，平等對待：尊重他人的尊嚴，不濫用權力或地位來壓迫弱勢，建立平等互惠的關係，促進和諧共存。
- 謹言慎行：在重要的決策和行動時，要謹慎思考，充分評估各種可能的情況和結果。冷靜而明智的反應，能夠幫助避免後悔的情況發生。

- 虛心接納批評與建議：不自以為是，虛心地接受他人的批評和意見，不僅有助於個人成長和進步，還能夠為自己帶來更多的學習和發展機會。
- 誠實面對缺點：勇於正視自身的不足和錯誤，不掩飾或逃避，能夠持續成長和改進，並有助於建立更好的人際關係。
- 開放心胸：擺脫固執己見，願意聆聽不同意見和觀點。這種開放的態度能夠拓展視野，更好地理解多樣性和複雜性。

第二章
心態決定命運

第一則

驕傲使人落後

驕傲的人，只相信自己所見，很容易被矇蔽雙眼，看不清真實的狀況，最後導致失敗。

晉楚城濮決戰時，楚軍初戰失利，主帥成得臣氣得七竅生煙，暴跳如雷，聲色俱厲地訓話。而楚國大軍被主帥教訓，都覺得面子掛不住，想他們楚國乃泱泱大國，國力強盛，怎會在城濮一戰跌了個筋斗？楚軍們暗暗發誓，要挽回失利的恥辱。

次日，楚國的大軍在城濮左面，與晉軍全線對陣。主帥登高遠望，嘴角露出一絲冷笑，因為他發現晉國的兵馬，並沒有想像中那麼雄猛，派出來的士兵看起來連刀都快拿不住，兵力果然不濟。他心想：「先前肯定是他們圖了個僥倖，才打了勝戰。妄想靠區區幾隊人馬，就與我大楚勁軍交戰，晉國的君臣也太不自量力了。」成得臣料定晉軍將兵分兩路，左右進攻，於是傳令各將，立即全線進軍，試圖一鼓破敵。軍令一下，楚軍將士便勇猛地向晉軍衝殺過去，軍威雄壯，殺聲盈耳。

不出他所料，那些交戰的晉兵果然不經打，不過幾個回合，便丟盔棄甲，節節敗退，只見晉軍官兵紛紛逃遁，簡直是慌不擇路，逃跑的途中揚起一片塵土。

成得臣在遠方看到，不由得喜形於色，他料定這場仗已是穩操勝算了，便下令乘勝追擊，親自駕車追趕潰敗的晉軍。當大軍追至莘山下一片窪地時，前方目標突然消失了。「不好，主帥，此地似有埋伏。」楚軍一位副將回馬報告說。「來不及後退了，生擒晉文公重耳就算大獲全勝！」這話才剛講完，突然間戰鼓響徹，窪地四周同時殺出了幾路晉軍，左有晉國大將先軫，右有狐毛、胥臣，就連剛剛敗逃的晉軍主將欒枝也調轉車頭，重新殺了回來。

莘山叢林中，另外一路精兵則截住楚軍後路，把楚國大軍圍得水洩不通。楚軍不管怎樣左衝右突，也無法衝出包圍。

原來，晉軍將領欒枝為了誘敵，先派出弱兵，放鬆楚軍心防，詐敗後又讓士兵砍來樹枝，拖在戰車後面，逃跑時能夠揚起漫天煙塵，同時還叫官兵丟棄車馬器械，裝作逃命的樣子，連身經百戰的成得臣也以為晉軍真的敗退了，這才誤入伏擊圈，成了甕中鱉。

晉文公在莘山上見晉軍大獲全勝，傳諭各軍，只要將楚軍趕出宋、衛之境，不必多事，免得傷及兩國之情。楚軍被趕離開，成得臣收拾殘兵敗將，清點他所剩餘的兵力，只剩十之一二，不禁仰天嘆息道：「縱然楚王願意赦我，我也無顏見楚國父老了。」於是面向楚國，拜了幾拜，拔劍自刎而死。

許多人在成功的時候，總是被眼前的榮景矇蔽，誤判情勢，以為幸運之神總站在自己這一方，孰不知，稍一分心，就可能讓敵手趁虛而入。晉軍正是抓住對方驕兵的弱點，一擊至其死地，才大獲全勝。

驕傲就像一副墨鏡，我們自以為看得清楚，但往往容易被腳底下所忽略的石頭絆倒，而造成損失，功虧一簣。毛澤東就說過：「虛心使人進步，驕傲使人落後。」驕傲，是阻礙成功的絆腳石。

我們在面對各種挑戰時，更應小心謹慎，時時檢視自己，有沒有被驕傲控制？找回我們的謙虛，方能進步。

第二則

能屈能伸大丈夫

想要有一番作為，就要先有博大的胸懷和臨危不亂的作風，才能在最佳時機發揮作用。

西漢末年，爆發綠林赤眉起義，而劉秀、劉伯升兄弟也在南陽起兵。後來義軍聯合起來，推舉劉玄為帝。

在義軍發展的過程中，劉秀兄弟逐漸顯露出超人的才智和膽識。特別是在昆陽一戰，劉秀臨危不亂，以少勝多，取得了昆陽大捷。

然而大勝之後，義軍開始分裂。有人對劉玄說：「劉秀兄弟才識過人，而且屢立戰功，勢力越來越大。這二人絕非池中之物，此時不除，將來必為禍患。」劉玄覺得有理，便下令殺掉劉秀的哥哥劉伯升。

這時，劉秀正帶兵攻打昆城附近的縣城，聽到哥哥被殺，非常悲痛。他明白自己功高震主，已經遭到皇帝劉玄的猜忌，性命懸於一線之間。

本來他也有成王的念頭，只是這時候若起兵反叛，勢力尚弱，無異於以卵擊石，逃跑或許能夠保住身家性命，然而千秋大業就全部付之東流了。思來想去，劉秀決定效法孫臏裝瘋、以柔克剛之計。於是急令收兵，匆匆趕回宛城，叩見皇上。

一到殿上，他就「撲通」一聲，跪伏在地，這可把劉玄嚇了一跳！劉秀向劉玄連連謝罪，流淚說：「我們兄弟沒有聽從陛下的旨意，真是天大的罪過。我們百死莫贖呀！」劉玄本來就覺得殺害功臣有些過分，見劉秀如此自責，反而不知如何是好。

這時，舊時的部下聽說劉秀回來了，都紛紛前來探望。難免有人說出些激憤的話，為劉秀抱不平，劉秀總是藉口有事，隨後敬而遠之。為了表明立場，他也不去參加兄長的喪禮，且未顯出半分悲痛的表情，他開始飲酒作樂，談笑風生；跟別人談話，絕口不提自己的功勞，擺出一副唯唯諾諾、不敢違抗的樣子，還不停責備自己，說皇上如此器重自己，自己卻有負他的期望。

這些表現傳到更始帝耳中，劉玄開始鬆懈了。他覺得劉秀這麼忠心，怎麼可能會背叛他呢？後來更開始內疚，甚至後悔聽信讒言殺害功臣。

劉秀不但躲過了此次劫難，還被加封為破虜大將軍。後來，劉秀看準時機，離開更始帝，在河北建立自己的隊伍。他以河北為基礎，掃蕩群雄，終於一統天下。

劉秀之所以能夠取勝，就是因為他雖然委屈，卻不衝動，也不讓自己的情緒失控，落人話柄，思緒反而更周密嚴謹，除了為自己保全性命，更蓄聚力量，後來一舉取勝。

當局勢並非自己所期待時，不要急著與之抗衡，所謂放手一博，也要審視所有的情況，才有成功的機會。

大丈夫能屈能伸，一個有智慧的人，不會因為當下的困厄，而犧牲自己的未來，相反的，他們的「隱忍」，都是為了成就將來的大業，這才是一個做大事的人該有的胸懷。

如果連性命都不保，還想憑據什麼有所作為呢？所以大丈夫能屈能伸，實際是因為他們的目標更高、看得更遠啊！

第三則

忍辱負重，臥薪嚐膽

人都有失敗的時候，善於保守自己的人，才有捲土重來的機會。留得青山在，不怕沒柴燒。

西元前二〇二年冬天，漢將韓信、英布、彭越等人，率領大軍三十萬和項羽交戰，項羽打了敗仗，又被漢將等人追到垓下這個地方，他的兵力大為減少，糧食也快吃光了，與漢軍交戰，又未能取勝，於是便退入營壘固守。

晚上的時候，項羽在帳篷內，想著自己的遭遇，不禁嘆起氣來，想他堂堂一個西楚霸王，如今竟然落得這個下場？不禁倍感淒涼。這時，突然營外傳來了楚國的歌曲，他大為驚訝說：「難道漢軍已經拿下所有楚國的土地了嗎？為什麼楚人這麼多呀！」其實這是劉邦教漢兵唱著楚國的民謠，目的是為了打擊項羽的士氣。聽到楚歌，士兵們都流下淚來，項羽的士氣也潰散了，這便是成語「四面楚歌」的由來。

項羽的雄心壯志已失，他一個人喝著悶酒，這時一直長伴他身邊不離不棄的愛妾虞姬前來，和他一同喝酒消愁。

項羽感嘆大勢已去，一杯接著一杯，而這時，虞姬站了起來，說要舞劍給項羽看，以解煩悶，同時唱著著名的《垓下歌》：「力拔山兮氣蓋世，時不利兮騅不逝。騅不逝兮可奈何！虞兮虞兮奈若何！」唱完之後，她舉劍自刎，項羽搶救不及，只能眼睜睜的看著她死去。當夜，項羽親點士兵八百多人，當夜即突圍往南奔去。

等到天色大亮時，漢軍發覺不對，灌嬰急率五千名騎兵追趕。項羽一路狂奔，渡過淮河，身邊的騎兵能跟得上他的，只剩下一百多人，抵達陰陵後，項羽一行人迷了路，於是向一位農夫問路。農夫識得項羽，早就對項羽不滿，故意指給他們錯誤的道路，項羽等人不久便陷進沼澤地，漢軍因此追上了他們。奮戰之後，項羽又領兵朝東逃去，到達東城，跟隨在側的騎兵只餘二十八人，而追趕在後的漢軍騎兵卻有好幾千人。

項羽料想此次恐怕脫不了身了，便對身旁的騎兵們說：「我從起兵到現在，已經八年了，大大小小的戰役，打過七十多次，從未吞下敗仗，才有今日的天下，而今卻仍被困在這裡，這是天要亡我，不是我用兵有錯啊！今天我一定要在這裡，痛痛快快地和你們打一場戰，和漢將一決生死，務必要斬殺敵將，砍倒漢旗，讓你們知道是天要亡我，而非我用兵有誤。」隨即把手下人馬分為四隊，向四個方面衝擊，但此時漢軍已將他們重重包圍。項羽對其手下說：「看我為你們殺他一員將領！」他和他的手下們約定在山的東邊，分三處會合。接著，項羽大聲呼喝著，策馬飛奔而下，來勢洶洶，漢軍見狀，被他的氣勢所嚇，軍隊都亂了陣腳。

只見項羽揚起刀，大喝一聲！很快的斬殺了一員漢將，漢軍見狀不知如何是好……此時，郎中騎楊喜追擊項羽，當他來到項羽面前，只見項羽瞪著雙眼，大聲叱罵他，楊喜一干人馬受到驚嚇，竟退避好幾里！

項羽趁著這個機會，和他的手下會合，漢軍不知道項羽身在何處，於是分兵二路，等見到項軍，又把他們重新包圍起來。項羽毫不退縮，又斬殺了漢軍一名都尉，並殺掉漢軍一百多人，重新聚攏了他的騎兵，僅僅損失了兩名騎兵。

項羽笑著對他的手下說：「怎麼樣啊？」騎兵們都敬服地說：「正跟大王您所說的一樣。」

這時，項羽已經到達烏江邊，烏江亭長已經把船停泊在岸邊等著他，對項羽說：「江東雖然狹小，但是土地方圓千里，民眾有幾十萬人，也足夠您稱王了，望大王您火速渡江！現在這一帶只有我有船，待漢軍到來，將無船渡江。」

項羽笑著說：「老天爺要讓我死，我還渡江做什麼呀！況且當年我與八千江東子弟渡江西征，如今卻沒有一個人跟著我歸還，縱使江東父老憐愛我，仍然以我為王，我又有什麼臉面去見他們呢？即便他們不說什麼，我也無顏再見他們啊！」於是把自己所騎的駿馬送給亭長，命令騎兵們都下馬步行，手持短兵器具，與漢軍搏戰。

項羽大顯神威，氣蓋山河，僅僅一人就殺死漢軍幾百人，但也身受十多處傷。這時項羽回頭，看見漢軍騎司馬呂馬童道：「你不是我的熟人嗎？」呂馬童面對著項羽，指給身邊的中郎騎王翳說：「這就是項羽！」

項羽說：「我聽說漢王懸賞千金要買我的頭，達成者可以得到封地，看在相識一場的份上，我就留給你一些恩德吧！」當即拔劍自殺。王翳隨即取下項羽的頭顱，而其餘騎兵相互踐踏，爭著搶項羽的軀體。到了最後，楊喜、呂馬童和郎中呂勝、楊武等人，各奪得項羽的一部分肢體。五個人把項羽的肢體拼在一起，獻給他們的主子，因此五人都被封為列侯，分得享用萬戶賦稅收入的封地。

楚漢垓下之戰，劉邦、韓信靈活運用了十面埋伏、四面楚歌之計，終於使得力可拔山、豪氣蓋世的西楚霸王兵敗自刎，從而奠定了大漢王朝四百餘年的基業。

楚霸王一世霸業，全都毀於一役。

說來項羽也是個英雄，只是傲氣不可一世，若他能忍一時之氣，可能還有東山再起之機會，或許我們現在所讀的歷史，就不是這樣子了。

想要完成自己的理想，在遭到挫折時，可能會嚥下很多口氣，像是火氣、怨氣、怒氣……收起自己的驕傲，忍下這一口氣，在適當時候，再給予對方重重一擊！

一個人可以有所傲氣，也應有所保留，識時務者為俊傑，像句踐臥薪嚐膽、忍辱負重，十年生聚、十年教訓，最後終於打敗吳國，將長久以來在吳國所受的氣，一股腦討回來。

千秋大業，原本就不是一般的事業，所遇到的遭遇、疼痛，也比一般人多得更多，在適當的時候沉潛，厚積實力，等到時機到來，必能表現。

想要成就一番事業，除了能力，更要有超乎常人的耐力，許多霸業都是因此成就而來的。

第四則

淡泊名利，榮辱不驚

想要不被欲望左右，需要不斷陶冶和修煉，更需要有正確的人生態度。用一顆平常的心來面對生活，面對人生，才能活得輕鬆又自在。

山東省嘉祥縣阿城鋪有一座古城，是春秋時期的武城故址。

武城人黔婁是曾子的弟子，他去世之後，曾子帶著弟子們前往弔唁。黔婁的妻子為黔婁守喪，她的衣衫襤褸，面容憔悴，但舉止文雅，彬彬有禮。

她把客人一一請進靈堂，站在黔婁的靈前。曾子等人見到黔婁的遺體放在門板上，枕著土坯，身子只用一個破麻布蓋著，頭跟腳都露出來了。

曾子說：「把麻布斜著蓋，就可以把整個遺體覆蓋好了。」

黔婁之妻道：「斜著蓋，的確可以把遺體覆蓋好，但還不如整齊地覆蓋著吧！他活著的時候，為人正直；死了，若把麻布斜蓋，這並非他的意思，如何使得？」

曾子說：「黔婁已經死了，應該封他個什麼諡號呢？」黔婁之妻不假思索地說：「以『康樂』為諡號吧！」曾子感到奇怪，問道：「黔婁在世時，吃不飽也穿不暖，死後也沒有酒肉祭祀，連想覆蓋全身的被子也沒有，這樣怎麼能稱為『康樂』呢？」

黔婁妻慷慨陳詞：「他活著時，國君曾想讓他做官，要把相國的職位交給他，他推辭了，這說明他應該是富貴的；國君曾經恩賜糧食三千鍾，也被他謝絕了，這說明他是富足的。他一向粗茶淡飯，卻甘之如飴；職位雖然低下，卻是心安理得。他從來不會因為自己的貧窮和職位低下而感到悲觀，也從不為富裕和尊貴而感到滿足。他想求仁而得仁；想求義而得義。因此，我認為他的諡號應該為『康樂』。」

曾子覺得她的話很有道理，感嘆道：「惟斯人也，斯有斯婦！」

黔婁就是這樣一個淡泊名利的人，他的妻子同樣也是。這種人生觀連曾子也讚歎。

我們對於人生的追求，是不是更應該思索，在一切講究財富的同時，還有比金錢更值得我們追逐的事物？

比如人與人之間的情感，這些是金錢怎麼也買不到的；比如心靈的富足也不是萬兩黃金買得到的。從容悠閒，靜靜品嘗我們的人生，歲月靜好，也是一種難得。

這些都不受外在的牽絆，一切內求，求個心安、圖個理得、求個平靜、圖個和諧，無欲無求，自然沒有痛苦，一切，就是美好。

它們或許和當今的價值觀不太相同，卻能讓我們活得心安理得。

第五則

大肚能容天下之事

一個心胸寬廣、以德報怨的人，表示他擁有自信，不會因仇恨而浪費自己的生命。

西元前六八七年，齊襄公政令無常，荒淫無道，致使齊國民怨沸騰一片混亂。為了避難，公子小白在鮑叔牙的保護之下，出奔莒國，管仲則與公子糾逃往魯國。不久，齊襄王和公孫無知相繼死於內亂，造成了君位空缺。

公子糾和小白聞訊，都想趕回齊國，爭奪君位。管仲心生一計，帶著士兵埋伏在莒國通往齊國的道路上，等待小白的車子經過。等到目標一出現，便命人彎弓張箭，一箭射向車裡的小白！「啊！」只聽小白大叫一聲，管仲以為他必死無疑，遂急忙離開，回到公子糾身邊。除去敵手，管仲遂同公子糾一行慢慢地向齊國進發。

哪知管仲一離開，小白便立刻跳了起來！原來管仲的箭只射到小白的衣帶鉤上。

小白知道受埋伏，情急之下，以詐死欺騙了管仲。當管仲離開之後，他急忙與鮑叔牙等人抄近路，晝夜兼程趕路，終於搶先趕回齊國都城，捷足先登，被立為齊桓公。

齊桓公即位之後，準備拜鮑叔牙為宰相，但鮑叔牙極力推辭，反而推薦管仲。齊桓公不悅地說：「管仲差一點把我射死，我怎能重用仇人？」

鮑叔牙則道：「當初，管仲是為了讓公子糾登上君位才這樣做的。每個人各司其主，立場不同，再說管仲從小就是我的好友，我很了解他，這個人非常有才幹，如果任用他為相國，齊國很快就能強盛。國君千萬不可記私仇，而忘了齊國大業，因而失掉這位難得的人才。」齊桓公被說服了。

話說管仲等人在半路知道小白成為齊桓公之後，害怕遭到迫害，故逃到魯國尋求庇護。魯國擔憂齊國會因此入侵，就把公子糾處決了。後來齊桓公派人到魯國，向魯莊公說：「我們國君要報管仲一箭之仇，請把他交給齊國處置。」魯莊公深怕得罪齊國，便令人把管仲裝進囚車，押解出境。

魯國大臣施伯非常有遠見，他知道管仲返齊一定會受到重用，將來反而會對魯國不利，便勸魯莊公不要交人，但魯莊公一意孤行。

管仲坐在囚車內，深知自己回齊，是好友鮑叔牙的主意，自己施展長才的機會就要來了；只是這一路上，押解囚車的士兵速度很慢，管仲心裡非常著急，擔心萬一魯莊公醒悟過來，一定會派兵追殺他的。於是他想了一個主意，就在囚車裡編了一首《黃鵠》的歌，唱給士兵們聽。唱了兩三遍後，他又教士兵一起唱。士兵們聽著歌，學著歌，很快就忘記疲勞，行軍速度逐漸加快，兩天的路程，只花了一天半就到齊國。

就在齊國君臣迎接管仲入境的同時，魯國公子偃也帶兵追來。原來，魯莊公果然醒悟，知道放管仲歸齊，等於放虎歸山，對自己非常不利，急忙下令追殺，僥倖的是管仲靠著機智贏得了寶貴的時間。

齊桓公以德報怨，重用賢才，表現了非凡的治國遠見。管仲感恩戴德，傾心輔佐，制定一系列治國良策，從而使國力大振。此後，經數年改革變法，勵精圖治，齊國終於成為春秋第一霸主。

齊桓公不因舊仇，而使齊國失去人才，難能可貴。我們在面對仇恨或怨懟之時，不妨靜下心來，將目光放遠。

人要有翻篇的能力，不依不饒就是畫地為牢。天下沒有永遠的朋友，也沒有永遠的敵人，時時記得別人對我們的過錯，只是把自己困在過去的泥淖裡，無法前進。不如放開心胸，容納他人，也是給自己一個機會。

遇事時，不妨想想齊桓公與管仲的故事，正是擁有這等廣闊的心胸，才造就齊國霸業。

第六則

不可放縱自己的情欲

人要學著控制自己，才能實現自我價值，展現自己的能力，如此才不枉上天賦予我們的才能。

西元前六五六年，晉國內亂，公子重耳的兄長申生被驪姬害死，他也遭到政治迫害，不得不逃亡列國，在他成為晉文公之前，在外流亡十九年，途中經歷了狄、衛、曹、宋、鄭、楚、秦等國，最後在齊國安身下來。齊桓公很看重他，不僅送了他二十輛馬車，還將齊姜嫁給了他，榮華富貴，衣食無憂，不知不覺度過了七年。

齊姜雖為女子，卻很有遠見，希望重耳回到晉國，重振國威，做出一番轟轟烈烈的大事業。一位奴婢聽到晉國舊臣在商討要如何離開齊國，便馬上向齊姜報告。齊姜怕奴婢洩露祕密，立刻處死了那奴婢，又見丈夫整日溺於享樂，兒女情長，早把復國一事丟置腦後，她希望重耳早日回到晉國，重振晉國國威。於是她與昔日跟隨重耳從晉國逃亡出來的大臣們商議，打算先好好勸勸重耳，讓他回心轉意，如果重耳再不聽，只好採取激烈手段。

於是，齊姜擺了豐盛的酒宴，和重耳共飲，席間她敬上一杯酒，神色凝重，對重耳說：「公子，諸位老臣跟隨您流亡列國，歷盡艱辛，您可知道這是為什麼嗎？」「愛妻說說看，他們追隨我是為什麼？」重耳打從心裡敬愛這位貌美又賢慧的妻子。

「妾以為，他們是看重公子的賢名，盼望您有朝一日重振國威，共享富貴。可自從公子來到齊國，終日沉浸在溫柔鄉中，居然疏遠他們？妾能得到公子垂愛，平生之願足矣。倘若因為臣妾而誤了公子的復國大業，那可擔當不起。如今，晉國局勢已經發生變化，您現在回去，正是時機！」齊姜雖為女子，對局勢倒是十分瞭然。

重耳正飲著美酒，靠在齊姜身上，氣氛正好，但聽完她一番規勸，卻不由得大怒。他大為不滿：「連齊國君臣都把我敬為上賓，妳倒勸我再回去過那顛沛流離的日子？」

齊姜見重耳生氣，不再多說什麼，就滿臉堆笑，將話題轉開，再陪他飲酒，一杯接著一杯，終於讓他醉倒。這時，她吩咐宮女用被子把重耳裹起來，並喚來晉國大臣，然後將重耳送上馬車，交給狐偃等人。

原來，她早已和晉國大臣定下計謀，如勸說無效就設法把重耳灌醉，再將他劫掠回晉國。重耳酩酊大醉，狐偃等人向齊姜拜辭，連夜驅車，向晉國前進，齊姜望著遠去的君臣一行人，不覺流下傷感的淚水。

重耳醒來之時，發現自己正往晉國的路上，追問之下，才知道是齊姜和狐偃的詭計，大為憤怒，想要殺了狐偃。後來重耳冷靜下來，感念眾人的用心，便跟著狐偃回到晉國，並且在狐偃等人的協助下，順利登上王位，這就是後來中原的霸主——晉文公。

但重耳仍念念不忘齊姜，還特地派人到齊國，將齊姜隆重接至晉國。齊姜見了重耳，輕道：「妾非不戀夫妻之情，之所以醉夫，正是為了今天啊！」

齊姜深明大義，為了幫助晉文公重振晉國，毅然斬斷兒女情長，設計把重耳掠回晉國，晉文公敬她的賢德，因此立齊姜為中宮夫人。

重耳何其有幸，遇到齊姜，並在齊姜協助之下，完成一番大業，透過這個故事可以告訴我們，不要忘了成長。

人生有很多事要做，像是自己的目標、夢想都等著我們去發揮。

情欲從來不是我們不思進取的藉口，一個有心的人，會時時警惕自己、告誡自己；一個不懂得成長的人，只是浪費自己的人生、拖累他人的時光。

第七則

遠離安逸的生活

太過順遂的生活只會讓人墮落，消磨意志。離開舒適圈，才有機會成就另外一番天地。

春秋時期，魯國有個叫公父文伯的大夫。他的母親叫敬姜，是一位很有見識的婦女。《國語．魯語》裡，很多篇目都是在描述她對兒子公父文伯的教訓。

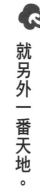

公父文伯年輕時，就做了大官，別人都誇獎他，他也非常得意。有一天，公父文伯辦完公事，興沖沖地回家，拜見母親。他一進家門，就看見母親正在搖著紡織車紡線，那流著汗、操勞刻苦的樣子，活像窮苦百姓的老婆婆。公父文伯走向前去，低頭對母親說：「像我們這樣做官的人家，主人還要做苦工，要是讓人知道了，非笑話不可，還會怪我不孝、不侍奉母親呢！」

敬姜聽了，停下手裡的活，抬起頭來，上下打量著這個做了大官的兒子，搖搖頭說：「你連怎麼做人都不懂呢！讓你這樣幼稚無知的人當官，魯國有滅亡的危險啦！」公父文伯驚訝地問：「母親，您為什麼這麼說？」

敬姜叫兒子坐在紡織車前面，鄭重地說：「從前君主安置百姓，常常選擇貧瘠的地方，讓百姓去居住生活。什麼道理呢？那是因為大家為了生活，就得努力工作；為了有良好的生活，就會去創造美好的未來；要想創造美好的未來，就會用心去思考；用心去思考，就會產生無窮的智慧。反過來說，縱情於享樂，過於安逸的生活，常常會使人放蕩、墮落，忘記美好的德行；一旦失去美好的德行，心性也必然有所偏差。」

公父文伯聽得入了神兒，敬姜停了停，又繼續說：「要知道，土地肥美的地方，有許多人往往無法成就一番大事業，原因就是他們過於安逸啊！在土地貧瘠之處，則有許多聰明善良的人，就是因為比較能吃苦耐勞啊！」敬姜問兒子：「我希望你天天勤懇做事，不斷上進，培養好的德行，還不斷提醒你，千萬不能毀了前輩艱苦創下的功業。你還記得嗎？」

公父文伯說：「記得。」

敬姜嘆了口氣，又說：「那你現在為什麼認為當官就要享樂了呢？照你這樣的心態去擔任君主委任的職位，怎能叫我不憂心忡忡呢！我深怕你會因失職而犯罪啊！」公父文伯趕忙安慰母親說：「我一定聽從母親的教誨，不貪圖享樂。但是這跟您紡織有什麼關係？」

敬姜不高興地說：「我看你做了官之後，就露出得意洋洋之貌，不懂得約束自己，凡事喜歡講究排場，把先人艱苦創業的事全忘了，這樣下去，早晚有一天會出事！我正是為你擔心，才起早紡線，為的是不讓你忘了過去，遇事能謙讓勤儉。你懂了嗎？」

公父文伯紅著臉說：「懂了，母親。」

敬姜勸子的苦心，讓公父文伯從心靈深處受到了震撼。這警鐘也要在我們腦海裡時時敲響，不要為了享樂而鬆懈。

一隻青蛙放入沸水中會一躍而出，但放入涼水中用溫火慢慢煮燒卻安然地在水中遊動直至煮死，不知逃走。完全失去了脫身一躍的本能。這就是生於憂患死於安樂的最好的例子。生活中，好多人在磨難中奮發圖強，獲得了新生，但卻在步入青雲後，缺少了憂患意識，最終得過且過，要不然就是耽溺於小確幸，為了一點點的幸福，而沾沾自喜。

成功，從來都不是容易的，懷抱理想的人，就要在磨難中挑戰，一次又一次督促自己進步。當然疲累的時候，也可以放鬆一下，而不是將自己繃到極限。

適時的休憩是讓你為將來做準備，但若在這個時候玩物喪志，最後只是讓自己走向墮落的地步。

第八則

人外有人，天外有天

氣度決定一個人的高度，總是小肚雞腸，容不得技高一籌的人，同樣也會使自己身心疲憊。

話說周瑜在赤壁之戰大破曹操之後，聽說劉備、諸葛亮在油江口屯兵，準備奪取南郡，不由得大驚！便與魯肅率了三千名騎兵，往油江口直奔而來。

周瑜抵達油江口之後，劉備、諸葛亮立刻將他接入帳中，並設宴款待。席間，雙方聊了起來，談到軍情，劉備說：「聽說都督要攻取南郡，特來幫助。如果都督沒有這個意思，那我就將南郡取下。」

周瑜一聲冷笑，說道：「我怎麼會將它放棄呢？」

劉備說：「只怕周都督拿不下吧？」

周瑜輕視道：「如果我拿不下，那時便由您去拿下。」

劉備聞言，便道：「現有魯肅、孔明兩位先生在此，請他們作證，還望都督不要反悔。」

周瑜笑道：「大丈夫一言既出，駟馬難追。」

待周瑜離開，劉備才焦急地對諸葛亮說：「方才席間之言，並非我的本意，都是先生教我的，現在我們沒有立足之地了，務必要得到南郡才有安身之處，如果叫周瑜先拿下了，我們豈非一場空？」

諸葛亮搖著羽扇，一派輕鬆：「主公不必憂慮，遲早我會讓主公在南郡城中高坐。」

劉備見他說得輕鬆，便問：「你有何妙計？」諸葛亮便道出他的用意。原來諸葛亮對攻取南郡，早有計畫，他料定曹操對南郡一地，早有安排，而周瑜為了求勝，必然中計吃虧。同時也料定，周瑜吃了敗仗，一定會想辦法報復。就讓他們雙方先行廝殺，到時劉備便可收漁翁之利。

果然，一切按照諸葛亮的預見進行著，在周瑜和曹操打仗的時候，劉備軍隊早已將南郡取下。周瑜知道之後，大為憤怒，開始攻城，但攻城未果，周瑜只得氣呼呼暫回營寨。誰知探子又來報告，說諸葛亮不僅得了南郡，又叫張飛奪了荊州，並拿下襄陽，周瑜氣得大叫一聲，箭瘡崩裂。

據史記所載，周瑜天資聰穎，身為一代名將，氣宇軒昂，唯其心胸狹小，定要和諸葛亮爭個高下，結果吃虧的總是自己。

氣度是衡量一個人能否成就大事的重要尺度。人外有人、天外有天，比我們優秀的人才比比皆是，要比也比不完，何必讓自己陷於煎熬呢？不如放下妒忌之心，誠心與對方交友，或許還能從對方身上學到更多。

只是很多人終究走不出這一關，因為見不得他人好，而壞了大事，自討苦吃。如果能放寬心胸，承認對方比我們優秀的事實，生活自能更加寬容自在。

第九則

不恥下問

知之為知之，不知為不知，才學能增進自己的學識，擴展自己的能力。

孔子是個非常好學的人，他自稱「吾十有五而志於學」。他對知識的態度是「知之為知之，不知為不知。」相傳孔子曾經跟師襄學過琴，向萇弘學過樂，向老子問過禮，他渴求知識，涉獵甚廣，禮、樂、射、御（馭）、書、數樣樣精通。

他的知識來源，一是借助於古籍，也就是前人留下的文化遺產；二是向整個社會學習。他之所以能「刪述六經、垂憲萬世」，就是向前人學習的結果。孔子的至理名言：「三人行必有我師焉。」就是向社會學習的真實寫照。

在古代，太祖之廟便稱為太廟。周公姬旦曾受封於周武王，是魯國最初受封的國君，因此周公廟起初稱作太廟。孔子每次到了周公廟，看到每件事都要發問。有人覺得奇怪，便說：「誰說叔梁紇的兒子懂禮呢？他到了太廟，每件事都要向別人請教。」孔子聽了這話，就說：「正因我不恥下問，才能知道許多事情，這正是禮呀！」這是他虛心向社會學習的表現。

孔子的一生都在追求知識，直到晚年仍是「發憤忘食，樂以忘憂，不知老之將至。」他常和眾弟子一起商討、鑽研問題，一邊教學，一邊擴展自己的知識面。

他用的是啟發式的教學法，在教與學方面總結了許多經驗，體現教學相長的辯證關係。他的「學而時習之」、「溫故而知新」等至理名言，直到今天不僅廣為流傳，而且普遍被採用。

孔聖人尚能不恥下問，虛心向人請教，何況我們平凡人呢？遇到不懂的東西就要虛心請教，不懂的事情不要裝懂。

一個真正知識淵博的人，是向人、向社會、向萬物學習，只有透過學習，才能獲取知識。知識是無窮的，學習也沒有窮盡的一天，「學海無涯」便是這個道理。

我們不用害怕讓別人知道我們正在學習，一個懂得自我充實的人，只會讓自己越來越有內涵、越來越豐富。

第十則

天將降大任於斯人也

生命中的苦難，就像鑄劍一樣，經過千錘百鍊，最後終能成為鋒利的寶劍。

戰國時期，孫臏和龐涓師出同門，學習兵法。龐涓的功名心很重，想要成就一番大事業，所以還沒完整學成，就早早下山了。他去了魏國，被拜為軍師，指揮著魏軍東征西討，屢建奇功，魏王十分倚重他。

但龐涓心裡總是不安，他知道孫臏天資聰穎，將來的成就必定高過於他，萬一他學成下山之後，就會成為自己的勁敵，威脅到自己的前途，怎麼辦呢？龐涓想了許久，後來想出一個方法。他去見魏王，大大讚揚孫臏，吹捧他的才能，並自願寫信召他來為魏國出力。魏王自然大喜，連忙命令使者前去相聘。

孫臏見師兄沒有忘了舊時的情誼，大為欣喜，不疑有它，開心前往。孫臏到了魏國，魏王連忙把孫臏請進宮面談，見孫臏果然才學不凡，想委以重任，便與龐涓商議。龐涓忍住心中的不悅，假意高興對魏王說：「孫臏剛來，沒有半點功勞，不如等有功時再封。」魏王見他說得有理，便不再提起。

龐涓第一步陰謀得逞之後，又模仿孫臏的筆跡寫了一封信，讓人帶到齊國，又命邊防將士把孫臏抓了起來，給孫臏扣上了一頂通敵的帽子。這件事傳到魏王的耳裡，魏王大怒，想要斬殺孫臏，透過龐涓假惺惺的求情，孫臏才免除性命之憂，不過孫臏還是被處以臏刑，不但被砍去膝蓋骨，還在他的臉上刺了「私通外國」四字。

龐涓的計畫還沒結束，他見孫臏已成廢人，又不受魏王的信任，便假意同情，費心照顧孫臏，孫臏覺得過意不去。龐涓便趁機求他傳示兵法，孫臏雖然有些為難，還是答應了。龐涓給他木簡，要他繕寫。孫臏寫了不到十分之一時，龐涓府中的一名僕人看不下去，將實情告訴了他，孫臏大吃一驚！「原來師兄對我如此，這種無情無義之人，兵法怎麼能傳給他？」隨即思量，「如果不寫，他一定會勃然大怒，我命在旦夕。」孫臏左思右想，忽然記起老師臨行前給他的一個錦囊，趕緊打開一看，只見上面寫著「詐風魔」。孫臏自言自語說：「原來如此！」

晚飯時，僕人送飯過來，孫臏突然撲倒在地，眾人驚慌，連忙將他救起，只見他口吐白沫，半日方醒，一睜開眼，便大哭大鬧，將所寫的木簡全部投入爐火之中，等龐涓趕到，所寫之書盡數化為灰燼，龐涓大為惱火，卻也無計可施。孫臏在龐涓面前瘋瘋癲癲，言語失常。龐涓疑心病重，認為有詐，命人將他拖入豬圈。孫臏便與豬搶食物吃，龐涓命人端來飯菜，孫臏摔在地上，又去搶豬食。龐涓長嘆一聲：「看來孫臏是真的瘋了。」此後，孫臏瘋瘋癲癲，胡言亂語，以豬圈為家。日久天長，人們都說他真瘋了，龐涓也放鬆了警惕。

後來，齊國使者到魏國，孫臏就以刑徒的身分，祕密拜見齊國使者，齊國使者和他談過之後，覺得孫臏不同凡響，遂偷偷用車將孫臏載到齊國，成為田忌底下的門客。

在田忌賽馬中，孫臏發揮了他的才智，讓田忌大勝，田忌見他有才，就將他推薦給齊威王。後來孫臏被拜為齊國軍師，在馬陵道戰役中大敗魏軍，殺死龐涓，報了大仇。

儘管孫臏遭到戕害，蒙受奇恥大辱，但並不墜鴻鵠之志，以自己滿腹的才學和韜略，尋找時機與龐涓較量，終於成為一代傑出的軍事家。

《孟子．告子下》列述一個人如果有大作為時，上天就必磨鍊他的心志、鍛鍊他的身體、讓他越來越有韌性。

就像力克．胡哲吧！他天生就沒有四肢，但他不僅到世界各地演講，用他短得幾乎不能稱得上「腳」的肢幹，在講台上移動，但他並不在意，反而以他樂觀、開朗的一面，成了勵志的代表。

人生在世，總有不順，遇到困難逆境，這時更應該堅定自己的意志，事實上，打敗那些失敗者的往往不是困境，而是自己本身。在艱難時仍不放棄，堅持下去，逮到時機，必有出頭的一天。

以史為鏡的 Smart Talk

- 戒驕戒躁，保持冷靜：成功容易讓人變得驕傲自大，輕視對手，但真正的成熟和成功源自於謙虛。無論在什麼情況下，都應保持謙卑的態度，時刻自我檢視，避免被驕傲所困。
- 警惕短視和妒忌：成功的人往往容易陷入眼前的榮景，而忽略了整體情勢。眼高手低易使人判斷失誤，因此要時刻保持警惕，保持對局勢的正確認識。同時，妒忌心態會阻礙自己的成長，應該避免對他人的成就心存嫉妒，而是以共同成長為目標。
- 學習反思與成長：面對失敗和挫折，不要被打倒，要勇於反思，找出失敗的原因。從失敗中吸取教訓，糾正錯誤，是持續成長的重要一步。不要害怕挑戰，因為挫折和失敗往往是成功的前奏。
- 以退為進，靈活應變：有時候，退讓可能帶來更大的長遠利益。在面對複雜情勢時，保持靈活，願意讓步，有時能換來更好的局面。不要過於執著於一時的小利，而忽視了長遠的大局。

- 智慧處事與深思熟慮：在決策時，冷靜思考，考慮多方面的情況，用智慧因應處境，是取得成功的關鍵。不要受情感左右，而是用理性的思考來做出選擇。
- 珍惜與他人的交往：建立互相尊重和支持的人際關係，給予他人真誠和關心，遠比金錢和物質更有價值。
- 堅持理想與大業：在困境和逆境中，保持對理想的堅持，不被過去的恩怨所干擾。長遠的視野和信念能夠幫助你度過難關，實現更大的目標。
- 淡泊名利，追求內在富足：物質財富和名譽的追求雖然重要，但內在的心靈富足同樣不可忽視。過度追求外在的成功和權力，可能使內心變得空虛。學會克制對外在物質的渴望，尋找內心的平靜和滿足，能夠讓你的生活更具意義和幸福。

第三章

真誠對待，真心相待

第一則

傾聽，才有辦法溝通

想讓他人願意聽你說，就要引起對方的興趣，才能收到良好的溝通成效，別人才可能接納你的意見。

南宋初年，金人頻犯邊境，硝煙四起，情勢緊張，朝廷需要大帥良將。所謂前方吃緊思良才，朝廷非常需要有本領的能人。這一天，在建康的行宮內，宋高宗正要退朝，忽然有人稟報岳元帥求見，高宗皇帝一驚，認為岳飛從抗金前線回朝，定有要事稟告，立即傳令召他進宮。

只見岳飛身披盔甲，滿面風塵，但精神飽滿，他叩拜皇帝，隨後向高宗皇帝彙報前線的戰事。過了不久，岳飛將話題轉到戰馬，因為他知道高宗喜歡馬，所以從這個話題切入。

果不其然，談到戰馬，宋高宗興致高昂，隨即問道：「愛卿，你最近得到了什麼好馬嗎？」

岳飛意味深長地說：「臣以前倒是有兩匹駿馬，牠們的食量比一般馬的食量還要大上好幾倍，對食物很挑剔講究，稍微不潔淨就不吃，飲水也是如此，要飼養牠們，還要看牠們的心情，非常有個性，可是若要論本領，那是普通馬遠遠不能相比的。」

岳飛說著，看了一眼高宗，見他聽得起勁，便繼續說：「每次我一早乘著那匹馬出發，起初那馬跑得還不怎麼快，等跑過上百里以後，才風馳電掣般地飛跑起來。到了中午，那馬匹非但不減速度，還後勁十足。至下午酉時，還能跑上兩百多里。等到達目的地，我卸下鞍韉，見這兩匹馬不但氣不喘、腿不軟，甚至連汗都不出。像這樣的良馬，才可委以重任啊！」

宋高宗讚許地點點頭，剛要問及，只聽岳飛嘆了一口氣：「可是很不幸，前不久，我的這兩匹馬先後都死了。」

見高宗搖頭惋惜，還嘆了口氣，岳飛趁機道：「現在我所乘的這兩匹馬，食量倒不大，餵什麼樣的草料都吃，一點也不挑剔。跑起路來，開始時倒是能飛奔一陣，可沒跑幾百里就沒勁了，開始氣喘吁吁、汗水淋漓。這種劣馬，消耗的飼料不多，也很容易滿足，就是愛逞能，且沒有後勁，真非可造之材！」

說到這裡，宋高宗終於明白岳飛的言外之意，他是以馬暗喻，奉勸高宗要珍愛人才。雖然其中隱含批評，但不乏忠告，況且又是暗喻，並沒有傷及宋高宗的面子，故而他欣然接受。「你說得對極了！知馬善用，方能得良馬，是良馬就更要珍愛牠們！」高宗連聲稱讚。

岳飛很懂得進諫的策略，在與君王的交談中，皆大歡喜。說話也是一門很精妙的學問，話不僅要說得讓人明白，同時又不能讓人覺得沒面子，聽起來似乎有點難度。事實上，只要站在對方的立場思考，並婉轉表達，仍舊可以將自己的心意傳達給對方。

溝通最忌諱的就是急於想要將自己的意思傳遞給對方，也不管對方了不了解，一股腦把所有的話都說了出來。話說得直了，萬一傷了對方的自尊，兩方爭論起來，難免動氣，這樣就沒辦法好好溝通。

另外一種是吞吞吐吐、扭扭捏捏，為了怕對方生氣，說話說了老半天，還切不到核心，在主題外面兜轉，也達不到溝通的效果。

其實只要記住「尊重」兩個字，將心比心，站在對方的角度設想，這樣你在開口時，說出的話對方才比較容易聽得進去。

溝通，是雙方的意見能夠交流，唯有良好的溝通才能促進和諧的人際關係。

第二則

良言一句三冬暖

當對方在基本事理上與自己達成共識，這時再推出自己的看法，方可達到預期之目的。

春秋時，晉獻公寵愛驪姬、少姬這兩位年輕貌美的妃子，動員大批百姓，耗費大量錢財，只為建造豪華的九層高臺，供美人遊玩。大臣們聽了，極力勸阻，認為這樣只會消耗國家財力，危及社稷，但晉獻公依舊置之不理。

大臣們不斷輪流勸說，晉獻公聽得多了，也不耐煩，乾脆下令恫嚇：「誰敢再諫，寡人一箭射死他！」大臣們噤聲不語，卻又仰天嘆息。他們既不忍國君繼續害民誤國，又沒有勇氣據理力爭，圍在宮門外一籌莫展。

這時，大夫荀息挺身而出，他進宮求見晉獻公。晉獻公聽到還有人要來找他，認為一定又是為了高臺的事，冒犯他的威顏，當即張弓搭箭，怒氣沖沖地等在宮內，打算只要荀息一開口勸諫，就將他射死在階下。

荀息進來了，他先拜見晉獻公，行過君臣大禮，避口不談建造高臺一事，只是輕鬆愉快地笑著說：「臣近日新學得一個小技藝，願表演給國君和諸位大人們，以博一笑。」

既然不是進諫，又是表演技藝，晉獻公怒氣頓消，他收起箭，好奇地問道：「你會什麼技藝？」

荀息說：「臣能把十二枚棋子堆起來，再往上面堆雞蛋。」

晉獻公放下弓箭，立刻命令侍從取來棋子和雞蛋，又吩咐宮門外的大臣們一起觀看。見大家都把注意力放到他身邊，荀息做好準備，只見他先把十二枚棋子堆起，然後又把雞蛋排放在上面，一層又一層地疊上去。那雞蛋外表光滑，立在棋子上面，已經夠危險了，還要繼續堆雞蛋，旁邊觀看的人，無不緊張得屏住呼吸，擔心雞蛋會掉下來。

晉獻公看到雞蛋搖搖欲墜，也驚慌急促地叫道：「危險，危險！」

荀息好整以暇，慢條斯理地說：「這種小小的技藝，不算什麼，純屬博君一笑，說到危險，還有比這更驚險的呢！」晉獻公急問：「還有什麼比這更危險的？寡人倒想見識見識。」

荀息見時機已經成熟，就立起身子，神情一變，話鋒一轉，沉痛地說：「啟稟國君，請讓我再說幾句話，那麼臣即使被處死，也不後悔！自從您下令建造九層高臺已三年了，雖然高臺目前尚未完成，但國內已經沒有男人耕地，女人織布了。國庫耗損一空，我們鄰近的楚國、齊國，卻日漸強盛，倘若他們舉兵，大肆侵犯，晉國又將依靠什麼抵抗呢？國君只知道高臺建成，可以縱情享樂，卻不知我國國力已經虛空，形勢可以說比堆棋子和雞蛋還要危險啊！臣請國君洗心革面，富國強兵，不再浪費國家財力，愛惜百姓血汗，請國君三思！」說完，荀息淚濕衣襟，眾大臣一起跪拜懇求。

晉獻公見荀息說得合情合理，一片忠心，婉轉誠懇，這才省悟並說：「沒想到寡人的過失竟然嚴重到這種程度，這可真是我的過錯啊！」於是接受了荀息和大臣們的諫言，下令停止建造高臺。

荀息先想辦法，引導晉獻公同理自己的立場，再適時說明來意，很快就點醒晉獻公，完成進諫的目的。如果荀息和其他大臣一樣，只知一味的進諫，不懂迂迴，下場可能就是被晉獻公一箭穿心，然而他透過譬喻的方式、婉轉的言辭，讓原本可能的衝突降到最低，同時也讓人信服。

當兩人交談立場一致，就會有相互貼近之感，自然會感到彼此「同屬族類」，這時候不論說什麼，對方也較容易聽進去。如果一直和對方持相反的意見，就算你再有理，對方也聽不進去，還會加強戒心，認為你在唱反調，甚至為了反對而反對，像晉獻公並不是不明事理，他只是一時被自己的憤怒矇蔽了。

人不是不懂道理，只是這個「理」，要怎麼進到他的耳裡？就有待考驗說話者的技巧了。話，說得好，就能說進人的心坎裡，辦起事來也順遂，這不是要你只挑對方想聽的話說而忘了自己原來的目的，而是想辦法讓對方贊成你的理論，和你「心連心」，進而完成溝通的重點。

第三則

要善良真誠對待每一個人

以誠待人，時刻將對方放在心上，或激勵或切磋，相伴成長，這就是真朋友。

北宋的宰相寇準和張詠兩人是好朋友。寇準深諳謀略，能夠治國興邦，在朝中擔任要職；而張詠則善詩文，有倚馬可待之才。兩人的共同特點是為人耿直，不卑不亢。

不過張詠並沒有和寇準一起在朝為官，他在四川當地方官。四川風景秀麗，物產豐富，能夠飽覽西蜀風光，一覽無遺，張詠常常跟同僚登高臨風，公事之餘，切磋陰陽八卦，抒詠豪情壯志。

一天，張詠又和同僚到郊外走動，閒聊之餘，同僚們又將話題扯到他和寇準身上：「聽說寇準要當宰相了。你和他可謂是當今雙傑。」張詠並沒有壓人抬己、嫉才妒賢之意，反而真誠地說：「寇公的確是少見的奇才啊！」

後來，張詠從成都回來，自然去拜訪寇凖。兩個老朋友一見面，連寒暄都省了，當下兩個人手搭著手，寇凖帶著他進到屋子，命令僕人擺下宴席，非常開心，兩個人不斷聊著發生在自己身上的事。

酒逢知己千杯少，更何況這兩位許久不見的摯友。當下兩人你來我往，杯盞交錯，喝得好不痛快。然而，天下沒有不散的宴席，過了一些時候，張詠便要返回成都了。寇凖前去送行，臨別前，寇凖請張詠送他幾句話，張詠不像一般人祝他步步高升，他已是當今宰相了，沒有特別恭維，只是提醒他：「《霍光傳》不可不讀。」

寇凖將這事記下了。送走張詠之後，寇凖回家立即找出《漢書》，翻到《霍光傳》，逐字逐句往下讀，讀到快完了，一句「光不學無術」進入眼簾，寇凖恍然大悟！

「張詠真是我的好朋友，竟然利用這個方式在點醒我。這是張詠說我的缺點呀。」從此，寇凖刻苦研讀、手不釋卷，成了忠賢皆備、文略俱全的好宰相。

因為意氣相投而聚在一起，並不一定就是朋友，狐群狗黨也是朋友、酒肉之交也是朋友、互相切磋也是朋友、相互激勵也是朋友。

而朋友之間，貴在真誠，一個真誠的人，用真心去對待他人，不論距離有多遠，再度見面時，總是充滿歡喜；一個真誠的人，會時時為朋友著想，將朋友放在心中。

真正的朋友是希望你能進步，你能成長，即使自己不如朋友，也以一顆誠摯的心對待朋友。就像張詠吧！不論他與寇準之間官階的差異，他知道寇準的優缺點，故而提醒他的不足之處，真正的朋友就是能無私的真心為對方著想。

朋友之間能夠彼此激勵，朋友無私的諫言猶如醍醐灌頂，能讓我們認識自己的不足，反省之後改進，這才是難能可貴的真朋友，好知己。

第四則

獨木不能成林

散沙成不了大氣候，多頭馬車也沒辦法達到目的地；唯有團結，才能朝目標前進。

崔安潛是唐代人，素有「雖位將相，身聽獄訟」之稱。僖宗時，他做了西川的節度使。

崔安潛剛到任時，西川境內盜賊四起，社會治安極度混亂，民心惶惶。人們都瞪大眼睛看著這位新節度使，如何平息境內的盜賊。

然而，崔安潛到位後，並沒有什麼動靜，百姓們都感到非常奇怪，所謂「新官上任三把火」，怎麼這位崔節度使，一點表現也沒有？其實崔安潛早有想法，他早知道這裡常有強盜出沒，但是這些盜賊這麼猖狂，背後一定有人包庇，如果按照先前的做法，派士兵去逮捕盜賊，不見得有用。於是，他採取了一個奇特的辦法。

他吩咐下人拿出一些錢，放在各地的鬧市上，並且貼出榜文，上頭寫著：「凡是告發、捕捉盜賊的，賞五百錢；若是盜賊同夥告發者，同尋常百姓，可得賞錢，並無罪開釋。」

公告發布之後，老百姓們議論紛紛：「這個辦法能行嗎？為了幾百錢，盜賊真的會窩裡反嗎？」

過了幾天，竟真有一個盜賊綁來另外一名盜賊。這個被抓的盜賊很不服氣，大聲吆喝：「他跟我一樣這麼幹了十七年，他怎能捉我呢？」

崔安潛說：「你既然知道我已貼出告示，為何你不把他先捉來見官？那樣的話，就該是他死罪，而是你領賞了。現在，你被他占了先機，又有什麼話可說？」他當著那個被抓的盜賊面前，把錢賞給了告發者，並在大庭廣眾之下，斬殺了被捉來的強盜。

這件事情一傳開，那些盜賊之間便互相猜疑起來，人人開始睡不安穩，對彼此充滿戒心，每個人都怕曾經一起「共事」的伙伴，會為了貪圖賞金而告發自己，也不敢再到過去的窩藏者家了，唯恐會被告發，而紛紛逃走。此後，這裡再也沒有一人敢做盜賊了。

這些盜賊原本就是烏合之眾，是一盤散沙，被崔安潛的計謀攻破心防後，便兵敗如山倒。

我們雖不是山賊，但可以反過來思考，為什麼這群山賊這麼容易被攻破？崔安潛利用一些利益，就能迫使他們之間彼此猜忌，分崩離析？因為這些盜賊原本就是因利益而結合，自然也容易因利益而分開。

倘若我們不能團結，會不會也像這些盜賊，輕易被敵手擊垮呢？想想一個團體，當初是為了什麼目標而集中在一起，因為有共同的信念、共同的目標，才使不同的人聚集在一個地方。

人如果有異心，在彼此猜忌、無法信任的情況下，會解散也是理所當然的。一雙筷子容易折斷，那十雙、一百雙呢？眾志成城，唯有大家齊心齊力，才能達成目標。

第五則

真誠也需明是非

做朋友也必須先了解對方，是否和自己理念一樣？是否值得深交？否則只是真心換絕情。

明憲宗成化年間（一四六五至一四八七年），魯鑑曾經為朝廷立下顯赫的功勞，論功封賞，官至甘肅總兵。魯鑑有個兒子叫做魯麟，自幼武藝高強，跟隨父親也立過不少汗馬功勞。魯鑑死後，朝廷就封魯麟為甘肅副總兵。

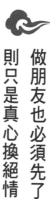

剛開始時，魯麟很高興。可是，魯麟只是一介武夫，非常單純，別人說什麼他就聽，沒有自己的想法，所以受到部下的挑唆。有人說他立下不少的功勞，竟然只得副職，要他為自己爭取權益。他開始感到不滿，在部下的慫恿之下，進而向朝廷請求加封為總兵。

但那時西陲的邊戰才剛停止，朝廷再也用不到剽悍之將了，又怕魯麟擁兵自重，所以才只封他為副職。

而現在魯麟一再請求，朝廷遲遲不給答覆。魯麟開始焦急了，便找來他的手下，開始商量。這些人你一言、我一語，最後給魯麟出了個餿主意，要他「明退暗進」，藉口家中還有老幼需要照顧，請求去職還鄉。

他的奏本傳到京城，憲宗看了便召集大臣們商量此事。有人建議皇上，答應他的要求，讓他做總兵，但又怕他擁兵自重，難以控制，於是有人出主意說，將他另派個地方，明升暗降。這時，兵部尚書劉大夏站出來：「魯麟自恃有功，屢次要求加封，皇上如果答應了他的要求，將來欲壑難滿，終究不是辦法。據我所知，魯麟暴虐無常，不會籠絡部下，孤掌難鳴，是掀不起大風浪的。皇上不如一邊派人嘉獎他父親的忠誠，先用大帽子穩住他，讓他為了保全父親的名聲，而不敢鬧事；一邊批准他的請求，讓他回家顧養親小。這樣一來，叫他有苦說不出。」皇上一聽，覺得此計甚妙，遂依劉大夏之言而行，一邊昭示魯鑑的功勞和忠心，讓天下人皆知，同時又批准魯麟回家贍養母親和小孩。

魯麟一開始接到嘉獎父親效忠的昭令，心中洋洋得意，看朝廷這舉動，以為這總兵的官職是要到手了。但哪裡想到，接下來的詔書竟然是批准自己請求還鄉的回覆。

這下魯麟可傻眼了，杵在那裡不知如何是好？他氣得想要找皇上理論。但他轉念一想，這樣一鬧，父親的名聲怎麼辦？再說，駐紮在甘肅的漢人，也不比自己的人少，想要反抗朝廷，還不知能否成功呢！思來想去，也沒有想出良策。而魯麟底下的那班手下見朝廷不看重他，也沒什麼發展，就逐漸疏遠了他。魯麟沒有人給他出主意，只好自認倒楣，悶悶不樂地回老家。

魯麟仗勢要脅，從道理上難以服人，又被剝奪了兵權，最後得到一張空頭支票，實在是搬石頭砸自己的腳。

待人貴真誠，但也要看對方值不值得。如果一個人仗著友情，不斷勒索、消耗，也就是情感綁架，久而久之也會疲乏。情感如同活水，必須有所交流，方能激出美麗的水花。而這交流的雙方，都必須要抱著同樣的心意。

然而，套用在待人處事上，付出的不一定成正比，有時人難免質疑對方的心思，是不是和自己一樣？還有仗著「朋友」之名，就予取予求，為所欲為，反而拖累了對方。

好比說，新聞上常有年輕人因一點小事而產生不滿，就聚眾鬧事，這種人往往口中講著「義氣」，卻要求對方一定要照著自己的意思去做，要不然就不算朋友，這就不是真誠，而是為難了。

我們交朋友，不一定要得到實質上的回饋，我們所要的只是一顆真誠的心。

第六則

適當放低姿態

示弱，不代表失敗，不與人爭辯、不與人爭強鬥勇，也是另一種處世的高深智慧。

戰國時期，魏國和趙國一起攻打韓國，韓國急忙向齊國求救，齊國派出田忌和孫臏兩位大將，帶兵前去幫韓國解圍。齊軍向魏國首都大梁出發，龐涓知道之後，急忙調兵，想要消滅齊軍。

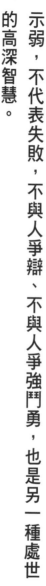

孫臏和龐涓是同門師兄弟，因為曾吃過龐涓的虧，因此對龐涓十分注意，他一知道這種情況，就對田忌說：「魏軍一向剽悍，而輕視齊軍，我們就利用這個弱點，來個進軍減灶，製造假象，如此一來，便能鬆懈其戒心，很快把他消滅。」田忌也覺得他這個計策很好。

大軍繼續西進，浩浩蕩蕩，到了用飯時間，士兵們停了下來，士兵們埋鍋造灶，十萬大軍，綿延數里，至為壯觀。隔了一日，龐涓趕赴齊軍前一日紮營之處，看到遍地的土灶，便命令士兵統計，士兵數了大半天，好不容易推估出齊軍有十萬兵馬，龐涓得知後，不敢輕舉妄動，慢慢在後追趕。

齊軍繼續西行，又到了紮營起灶之時，這一次，孫臏下令把灶減少一半，士兵們都覺得奇怪，不知將軍是什麼用意，但軍令如山，不敢違背，只好從命。隔日，龐涓大軍趕到此處，同樣叫士兵數灶推估齊軍人數，卻只剩五萬，心頭竊喜，心想：「齊軍果然害怕了，不過兩天，便跑掉一半！」於是下令魏軍加快行軍步伐。

到第三天，孫臏讓士兵們只起三萬個飯灶，一離開紮營處，龐涓又追到這裡，叫人一數鍋灶，不禁哈哈大笑：「我就知道齊軍本來就膽小害怕、不成氣候，到魏國才不過三天，就跑掉了一大半。」於是便命令步兵原地待命，由他親自率領幾千名精銳騎兵，用比平日更快的速度去追擊齊軍。

孫臏是個聰明人，他估計龐涓在傍晚時分，便會趕到馬陵，而馬陵的道路狹窄，山巒疊嶂，地勢十分險要，易守難攻，孫臏便令齊軍於路旁埋伏弓箭手，做好迎戰魏軍的準備。不出孫臏所料，傍晚左右，龐涓一行果然趕到馬陵，孫臏不給他喘口氣，一聲令下，齊國弓射手萬箭齊發、箭雨齊下，殺得魏軍大亂，逃也來不及，潰不成軍，龐涓自知智窮兵敗，只好拔劍自殺了。

我們跟人交往，無須處處顯露自己的優越，非得要表現出自己很能幹、很厲害，何妨讓別人去表現，對我們並無損失。尤其是在對手面前，只要你有實力，不用露出強悍精明，亦可以打敗他。

孫臏便是利用這個方式，偽裝齊軍之弱，誘得龐涓前來攻擊，他再給予反擊！

事實上，表面看來孱弱的，不一定是弱者，他們只是不與人爭強，不捲入風暴中心；他們用聰慧的心，靜靜觀察事態的發生，在適當時機才會跳出來，一舉達到他們的目地。

用溫和的方式，巧妙化解可能的衝突是智慧的展現，適時放低恣態，不用擔心人家看不起你，因為事後的反擊，絕對比當下的莽撞來得有力！

第七則

換個角度考慮問題

一個問題往往有許多面向，從各個不同的角度去看問題，便能看到問題的核心，也會產生不同的問題解方。

明代時，有個名叫屠枰石的人，執法很嚴格，他曾經擔任湖州的巡按。湖州這個地方風氣很糟，民風不正，許多百姓既刁鑽、又蠻橫，不守禮法，又不肯好好讀書，且千方百計找讀書人的過失，不斷打擊、排擠他們，造成當地讀書風氣每況愈下。

當地有一些無賴聽說屠枰石到湖州上任，又知道他執法很嚴，暗暗高興，心想：「那些讀書人這下可倒楣了，我們倒要看看你們還能假什麼正經？」於是打定主意，認真找士人的碴。

很快地，這些無賴們找到了機會。他們發現有個秀才，正在和妓女鬼混，兩個人卿卿我我，被保甲發現，當場將他們捉住。不論秀才怎麼哀求，這幫無賴都不肯放過他，還將他綁了起來，第二天讓保甲將妓女和秀才押送衙門。衙役們見狀，雖然很同情秀才，卻沒一個人敢給他鬆綁。

此刻，屠枰石正在堂上檢閱公文，衙役們將三人帶到堂上，保甲得意洋洋，態度傲慢，向屠枰石報告情況，秀才則在一邊渾身發抖，又氣又羞，滿臉愧色，這些屠枰石都看在眼裡。

他覺得按當時的社會風氣，這算不上大問題，雖說有傷風化，但兩情相悅，並不是什麼十惡不赦之事，反倒是這些無賴，刁鑽蠻橫，打擊士人，導致當地讀書風氣敗壞，這些事情相較之下可比此事嚴重得多了。於是他假裝認真處理公務，什麼也沒聽見。保甲彙報了半大，見屠枰石都沒有反應，他急了，匆忙爬到前面，拉住屠枰石的袖子說：「大人，小人有事相告。」

這時，保甲已距離秀才和妓女很遠，屠枰石給衙役使眼色。他將保甲的手掰開，說了句：「放袖（秀）才去。」衙役們馬上明白屠枰石的意思，將秀才偷偷放走，這時保甲還被蒙在鼓裡。

屠枰石等到秀才離開了，才故意問道：「你有什麼事？」保甲覺得這個大人真難纏，只得又將事情重新敘述一遍，聽完屠枰石則問：「秀才在哪裡？」

保甲連忙回頭一看，發現堂上的秀才不見了，大驚失色，一句話也說不出來。屠枰石則以不敬之罪，命衙役痛打保甲三十大板，並給他帶上枷鎖，關了幾十天，而那名妓女則當堂趕走。

保甲出獄之後，神色惶恐地對別人說：「我捉到的大概是鬼吧？要不怎麼會眨眼間人就不見了呢？」從此以後，他再也不敢為難讀書人了。其他的刁民聽說了這件事，也不敢再任意胡作非為，不久，湖州的刁惡之風便平息了。

州中的讀書人聽聞此事，都對屠枰石表示感激，從此更加發奮讀書。那個秀才最終也改過自新，由秀才又中了舉人，後來還當了官。

屠枰石的做法既保全了讀書人的顏面，同時對小人的民風起了警戒的作用。雖然秀才私通行為不值得鼓勵，但屠枰石能夠將事情圓滿，同時又改善了湖洲刁鑽的風氣，也不失為一種兩全其美的治理之方。

屠枰石選擇跳脫常態從另一個角度思考問題，不至於讓事情陷入兩難，我們在面對問題時，不妨學著跳出原有的角度，思考另一個層面來面對問題的癥結點。

同一件事從不同的角度看，則有不同的解讀，就好比看待秀才召妓，屠枰石著重的癥結和無賴不同。每個人都有自己的生活經驗和價值觀，面對問題時，往往習慣從自己的立場出發，進而判斷問題的嚴重程度。

一旦能跳脫原有的角度，試著從不同面向切入，必然能看到不同的真相。我們在思考問題時，不要一下子就輕率評斷。凡事試著從自己的角度及不同的面向去採集各方意見，集思廣義，相信長此以往，必能訓練使我們的思考更有深度，對事情有更通達的理解。

第八則

巧妙指正別人的錯誤

人皆有自尊心，如果不懂得為對方設想，貿然抨擊別人的過失，哪怕用心良苦，效果也會適得其反。

唐朝初年，經唐太宗數年的治理，國家逐漸趨於穩定，人民也開始安居樂業，史稱「貞觀之治」。

貞觀五年，群臣請求唐太宗封禪泰山。所謂「封禪」，指的是古代帝王統一帝國登泰山舉行祭祀上天的大禮。「封」是祭天，「禪」是祭地的意思。帝王受命要有十五種不召而來的祥瑞體現，方能舉行如此大典。封禪的規模之大，非平常祭典所能比擬，那麼花費甚鉅，也是可想而知的。因此，第一次這項提議被唐太宗否絕了。

第二年，文武百官上奏請示太宗考慮封禪一事，唐太宗雖然仍有顧慮，但禁不住群臣再三勸說，萌生了「封禪」泰山的念頭。然而在所有大臣之中，卻有一人跳出來反對。

唐太宗好不容易下了決定，魏徵卻持相反意見，唐太宗問魏徵：「大家都要求我去泰山封禪，只有你認為不可行，是不是因為我治國的功績還不夠？」魏徵回道：「皇上的功勞與天齊。」「莫非是我的德行不夠？」「皇上的德行遠名威揚。」「是國家不安定？」「國家昌盛太平。」「是四方蠻夷還沒臣服？」「四方蠻夷皆已規順我朝。」「是年成不豐收？」「風調雨順，五穀皆已登豐。」「那麼是符瑞未達？」「受命的天兆也已降臨了。」

「這六個條件都具備了，那寡人為什麼不能去封禪泰山呢？」唐太宗不解。

魏徵言辭懇切，措辭婉轉：「陛下，我打個比方。假如，有個人得了一場大病，十年都躺在床上無法起身，後來經過用心治療，好不容易可以站起來，開始行走，生活也逐漸恢復正常，在這個時候，若讓此人背上一石米，一天走上一百里地，那他受得了嗎？前朝的動亂不止十年，國家才剛剛安定，國家百姓不能說已完全富裕了。這時候封禪，向上蒼宣誓我們大唐的事業已經告成，臣認為還不是時候。」

魏徵引喻確切，言詞誠懇，忠貞之情溢於言表，唐太宗無言反駁，便決定延遲封禪時間。

指正他人的過失，並非得將對方罵得垂頭喪氣，也無需使對方顏面盡失，才叫有用。既然希望對方好，就應該讓對方聽得進去，說到他的心坎裡，才能使其真心悔悟。

人都有虛榮心，即使是小孩也有自己的尊嚴，如果一個小孩在外面犯了錯，在大庭廣眾之下將他罵得抬不起頭來，下一次，他就真的不會再犯錯了嗎？他有可能心懷怨恨，或自信喪失，認為自己什麼事都做得不夠好，於事無補。

想糾正他人的過失，卻打擊到對方的自尊，使效果大打折扣，這並非我們本意。最好的方法是私下勸諫，就能為人保留顏面：同時以魏徵為例，利用說話的技巧，語氣婉轉，避免直言的尷尬，也維護了君上的面子。

要糾正他人，除了看事情的輕重，還要看對方的心理狀態，人與人之間的互動應講究應對方法。一個懂得將對方放在心上的人，在開口之前，便會注意自己的口氣及措辭，使意思在明確表達的同時，言語卻可以婉轉，避免尖銳的語句。說話不留情面，不顧及他人心理的人，是很難讓人接受他的勸諫的。

第九則

真心的另外一半還是真心

羅蘭：「愛朋友，喜歡朋友，用誠意去對待朋友，但不要依賴朋友，更不要苛求朋友。能做到這幾點，你才能享受交友的快樂。」

明朝時候，有個年輕人叫費宏。他二十歲就考中了狀元，於是覺得自己高人一等，眼睛長在頭頂上，不把別人放在眼裡。

有一次，費宏跟一個朋友談天，談著談著，兩人為了一點小事爭論起來。爭了半天，誰也不肯讓誰。費宏火了，衝動之下，竟然賞了那個朋友一個巴掌！那個朋友捂著臉，氣憤離去。打那天起，兩人再也沒有說話。

這事不久就傳開了，費宏的一個老鄉，寫信把這件事告訴了費宏的父親。費宏的父親得知兒子對朋友這樣無理，非常生氣，立刻寫了封信指責兒子：「朋友可不像缺角的鍋碗瓢盆，有了齟齬，就隨意丟棄，你年紀輕輕就這麼不尊重朋友，太不像話了。趕快去向那個朋友賠不是，要不你就會犯更大的錯誤！」隨信還寄了一根竹板子，叫他拿著竹板子到那個朋友家裡去賠罪。

費宏收到信和竹板子，也覺得很慚愧，後悔極了！他立刻照著父親的話，前去拜訪那位朋友。可是朋友怒氣未消，根本不願意見他。他一連去了三次，都碰了一鼻子灰，沒能見到那個朋友。

費宏知道朋友不肯原諒他，心裡著急，但他還是堅持不懈，再度來到朋友的家門前，不過，這次他先請託朋友家人，把父親的信件和竹板子送給朋友過目，希望他能原諒自己。那個朋友看了信和竹板子，明白了他的心意，知道費宏是真正悔悟了，激動地跑出來接待費宏。

費宏見他眼中帶淚，以為他還在生氣，連忙向他道歉，說：「是我對不起你，請原諒我，別再生我的氣！」

那個朋友搖搖頭，說：「不，我哭不是因為生你的氣。而是想到你有那麼好的父親，當你犯錯還會教導你；可是我的父親卻早已不在，我再犯錯也無法收到他的教誨，這點才是令我覺得痛苦的原因啊！」

費宏說：「這不要緊。咱們朋友之間，也能互相指出過錯，互相幫助，改正錯誤啊！」從此以後，他們倆不但沒再吵過架，反而經常互相勉勵，互相幫助，成了很要好的朋友。

如果我們也能擁有這樣一位好友，也能說是此生無憾了。真正的好朋友在你的生命旅途中，一定會是一個與你分享幸福和悲傷的好知己，也能與你攜手一同前進。

孟子曾經說過：「人之相識，貴在相知，人之相知，貴在知心。」林肯也說：「人生最美麗的回憶就是他與別人的友誼。」可見古今中外，人人對「朋友」都有非常大的感概。

當然了，朋友之間也常常因為過去的生活經驗不同、立場不同，而有不同的想法與價值觀，我們應該抱持寬容與尊重，理解與信任的態度，才能維繫友誼永保如新。

每段友情都得來不易，我們對待朋友，要抱持真心，並提醒自己，即使因立場不同而有不同想法，也不因此與對方交惡。

第十則

逆耳忠言終有益

真正的好朋友，是看到你的缺點時，也能不吝跳出來指正。

有一天，齊景公率領大臣到公阜遊玩。這天的天氣很好，只見寬闊的大地一片生機盎然，處處紅花綠葉，枝頭的鳥兒啁啾，蜂蝶在花朵上汲取蜜汁，而農家的莊稼，也都非常飽滿，看來今年又是大豐收。舉目望去，一片和諧。

齊景公突發感嘆：「如果我能夠長生不老，天天暢遊山水之中，該有多好啊！」

晏子聞言深知國君如果去追求長生之術，必然會忘了治理國家，把人民拋到腦後，影響至深，於是便道：「生和死是無法改變的自然規律。人人都長生不死的話，那也未必是好事。」

「為什麼呢？」景公不解地追問。

「如果齊國的開國君主太公和丁公活到現在，他們一定還是一國之主。那桓公、文公、武公充其量就只能當他們的助手，這樣您也只能頭戴竹笠，手拿鋤頭，終日在田裡勞動，怎麼還能夠率領群臣到處玩樂呢？」晏子潑了齊景公一桶冷水，景公覺得沒趣，就和其他人講話，不想理他。

到了中午，遠處出現了一輛六匹馬拉的大車，跑得飛快，揚起了地上的塵沙，看起來非常雄偉。齊景公得意地對晏子說：「梁丘據接我來了，你看他所駕駛的馬車跑得多快！滿朝的文武，只有他最了解我的脾氣了。」他還在為剛剛晏子掃了他的興致，忍不住埋怨。

晏子卻不滿地說：「這個梁丘據根本算不上好臣子啊！古人說過，作為一個忠實的臣子，不可事事都附和國君，因為國君認為是好的，不一定都對。國君認為錯的，也不一定都不對。這個梁丘據最會察顏觀色，對國君拍馬奉承，不論對錯，一味迎合，王上聽了或許很開心，可是對國家的長遠利益又有什麼好處呢？」景公聽了很不高興，轉身拂袖而去。

夜色降臨，星光燦爛，點點的星光高掛蒼穹，美麗極了！齊景公和大臣正在欣賞夜色，突然一顆流星從頭頂疾馳而過，把景公嚇了一跳，他以為這是不祥的預兆，連忙要主管祀禱的官員設案禱告，保佑齊國君臣的平安。

晏子知道之後，連忙勸阻：「流星有什麼可怕呢？它只掃除邪惡的事情，國君如果沒有做錯事，又何必提心吊膽呢？要是做了這類的事情，讓流星掃掉，不是很好嗎？」景公氣得臉色鐵青，說不出一句話來。

晏子故意像是沒看到王上的臉色一般，他面帶憂愁，批評也越來越重：「現在我所擔憂的倒不是流星的出現，而是國君縱情玩樂，親近小人，喜聽讒言，疏遠賢臣，長期下去的話，災難必然降臨到我們齊國。國君的這些過失，光靠祈禱是幫不了忙的。」

齊景公再也沒有遊玩的興致了，立即下令駕車回宮。這天夜裡，這位齊國君主，翻來覆去，睡不著覺，他細細品味晏子批評自己的話，突然覺得每句話都有道理，都是為了國家與社稷，沒有一個是為自己的，火氣頓時全消，反而深深欽佩這位相國的智慧，以及對自己的忠誠。

晏子去世時，景公非常哀傷，像失去了自己的至親一般，不斷哭泣。他在弔唁時，痛哭流涕：「那天相國在公阜三次指出我的過錯，這樣忠心耿耿的賢臣，我現在到哪裡找啊？」

晏子無懼景公的身分，有話敢言，難能可貴。交友貴真心，晏子可以說是景公的忠臣、益友，站在景公的立場，為景公指出缺失，為景公著想。我們又何嘗不希望有個摯友，能夠在我們迷茫的時候，指點迷津？

法國書信作家塞維涅夫人（Madame de Sévigné）說過：「真正的友誼從來不會平靜無波。」非洲也有一句很有意思的俗諺：「朋友的一拳，勝過敵人的一吻。」說的就是朋友真心為我們著想在情急之下所產生的貿然舉動，這也可以引用為朋友發現我們犯錯時所給予的指正之言。朋友之間，不可能光說好聽話，任何誠心的指正教導都透露出對我們的關心。

當兩個人交往時，就應以真心待對方、以真言待人，倘若我們的身邊，有這樣一個人，就要好好珍惜，平時多跟他連絡，不要等到朋友離開我們之時，才悔恨莫及。

- 面對朋友要真誠對待：寇準和張詠的友誼建立在真誠的基礎上，他們互相尊重，不卑不亢。真正的友誼是基於真誠、不偽裝的交流，我們應努力培養這種真誠的友誼，能夠在困難時互相支持。
- 隨和處事：保持隨和的態度能夠減少不必要的磨擦和衝突。學會適應不同的人和情況，願意傾聽和融入團隊，能夠讓人輕鬆相處。
- 尊重和關心他人：當指出他人的過失時，考慮對方的感受和尊嚴。選擇適當的時間和方式，用溫和的語氣提供建議，讓對方能夠接受並從中成長。
- 懂得傾聽：積極聆聽他人的話語，表現出尊重和關心。透過傾聽，你能更好地理解對方的需求、擔憂和想法，建立更深厚的人際關係。
- 正面思考：積極的態度能夠影響你的心情和行為。即使面臨困難，選擇正面思考，尋找解決問題的方法，保持堅強的意志。
- 謙虛處世：不論取得多大的成就，都要保持謙虛。謙虛的心態能夠使你願意從他人中學習，並避免自滿和自大。

- 審慎言行：謹慎思考你的言辭和行動，避免因衝動而說出冒犯或不適當的話語。在重大決策上，深思熟慮後再做出選擇。
- 建立忠誠：與朋友和上司建立真摯的信任關係，忠誠地支持他們。在困難時，站在他們身旁，展現忠心和益友的特質。
- 珍惜反饋：接受來自朋友和同事的建議和指正，用心從中學習和成長。珍惜這些反饋，它們是提升自己的機會。
- 分辨忠言逆耳：對於批評和建議，保持開放的心態。即使是不好聽的話語，也可能是有益的提醒，能夠幫助你改進。
- 保持自省：定期反思自己的言行和態度，評估是否符合道德和倫理標準。這種自我檢討能夠幫助你不斷進步和成長。

第四章 做個有智慧的人

第一則

發揮大腦的價值

任何事物都有運行的規律，動動腦筋，想想事情的規律，就能找出最適合的方法，擺脫困境。

徽州有個婦人，生得天姿國色、美麗非常，卻嫁了一個整天只會喝酒，不思長進的丈夫。

一日，她的丈夫喝得醉醺醺回到家中，表示有位富商早已看上妻子願意出重金娶她，他已收了銀兩，答應了此事。婦人聽聞，痛哭不已。然而丈夫不斷威脅，無奈之下，婦人只好同意。丈夫大喜，選擇了一個晚上，準備了酒食招引富商前來。

晚宴準備完畢，婦人的丈夫故意離開，並吩咐婦人好好招呼富商。結果那名富商來得晚了一些，等他走進房裡，大吃一驚！只見婦人被殺，連頭都沒有了。富商恐怖至極，大叫起來，驚動了左鄰右舍，婦人的丈夫也聞聲趕來，見狀一把揪住富商，拉他見官，當場告發說是富商殺了他的妻子。

富商連喊冤屈，說：「我的確是看上他的老婆，也給了他錢，希望他能將他老婆讓給我，但那女人即使不從，也還能慢慢商量，我怎會因此殺她呢？」

官府一聽有理，就派捕頭調查街鄰，捕頭來到一個老人家中打聽，這個老人說：「以前這兒有個巡夜的化緣和尚，在殺人後的第二夜就沒聽見他的聲音，這很可疑。」捕頭覺得有異，立即派人調查和尚的蹤影，果然在鄰地發現了他的蹤跡。

只是若貿然逮捕，想必這名和尚也斷然不會說明真相，不如智取。捕頭心生一計，叫一名衙疫，穿著那婦人生前的衣服，躲在和尚會經過的林中。

果不其然，當和尚夜晚經過這片樹林，那人便學著婦人的聲音叫：「和尚，還我頭來！」和尚嚇得面如土色，以為鬼魂出現，忙答：「頭在你宅上第三戶人家的鋪架上。」

捕頭早已帶著不少人，埋伏在林中，眾人聞言，一擁而上，將和尚捉住。和尚自知上了當，只得老實交代。

原來那夜他巡街化緣，見到婦人家的門是半掩的，便溜進去想要偷東西，他進入屋內，見到一位漂亮的女子，而女子一見到他，就驚叫起來！情急之下，他失手殺了婦人，後來又怕被別人發現，便把她的頭帶出去，掛在第三戶人家的鋪架上，然後逃到鄰縣。

捕頭立刻把第三戶人家的主人抓來，追問之下，那人說：「的確是有這麼一回事。只是當時因為害怕被誤會，就把人頭埋在園子裡。」捕頭派人前往挖掘，果然挖出了婦人的頭。

於是，婦人的丈夫被縣官痛斥一頓，富商被趕了回去，而殺人的和尚則被處以死刑。

遇到問題時，切莫先自亂陣腳，必須定下心來，去思考事物進行的規律、道理，然後再去解決，方能事半功倍。說穿了，就是要靠我們的腦袋，發揮我們的智慧，以及過去的經驗，如果仍有不足，再去請教長者或有智慧的人。不過最重要的，還是要利用我們的腦筋，好好的思考探究，求學如此，遇事亦如此。

大腦，是上天賜予我們走在這個世上，最重要的工具，好好動動腦，凡事迎刃而解。

第二則

不通則變，變則通

遇到問題，苦思不得其解時，不如變換一下自己的想法，暫且從其他方面下手吧！

明朝時，安吉州內有一戶富有的人家，準備要嫁女兒。大戶人家要嫁女兒，可不比尋常百姓，規矩很多，儀式也相當繁複，他們在屋內裡裡外外，都結上了紅色的綵燈，並廣邀賓客前來吃喜酒，親朋滿堂，人們來來往往，都快要將他們家的門檻踩平了。

這時，有一名小偷見狀，認為這是大撈一票的好時機，便趁著門房不注意時，溜進這戶人家，躲進了新房，他鑽進床底，想等到天黑時，再來偷竊新娘的財物。只是他沒有想到，由於這戶人家家大業大，前來賀喜的人潮進進出出、絡繹不絕，新房裡一連三天，燈火通明，不是家人親友進來探望，便是家僕、奴婢忙著張羅招待客人，這個小偷根本沒機會下手。苦捱了三天三夜的小偷心想：再這樣下去，也不是辦法，便等到新房裡只有新郎跟新娘的時候，爬出床底，拔腿就跑。

「抓小偷啊！」新郎見有人從床下出來，大叫一聲，追了出去，新娘則嚇得渾身顫抖，躲在棉被裡。

院子內有其他賓客以及家丁，眾人見一陌生男人鬼頭鬼腦地竄出新房，而新郎又在他身後高喊抓賊，便立即撲上去，將小偷綑了起來，扭送官府。

縣令聽聞此案，即刻升堂：「盜賊是何許人也？」

他鎮靜自若，態度從容：「大人，我是醫生不是賊。」

縣令喝道：「既是醫生，為何躲到人家新房內？」小偷對答如流：「大人，那新娘患有特殊的婦科病，出嫁前求我跟隨著她，以便隨時醫治。」縣令不管怎麼審問，小偷都有問有答，而且對新娘家的事也非常清楚。

原來這小偷在床底下躲了三天三夜，那新婚夫妻之間不論講了什麼話，做了什麼事，都被他聽了進去，縣令無奈，只得對原告說：「被告到底是醫生還是小偷，只有請新娘上堂作證了。」他派人前去請新娘，然而新娘子聽了，堅決不肯上堂。

新娘子覺得自己才剛新婚，就上堂打官司，未免太晦氣、太丟臉了！況且那竊賊竟然在床底下躲了三天三夜，想到自己的言行都讓賊知道了，她更覺得無地自容，便拒絕了。

縣令聽說新娘不肯上堂，也沒有辦法，就問身邊的一位老吏怎麼辦？

這位老吏人生經驗豐富，辦案無數，他說：「年輕姑娘面皮薄，她不肯來到堂上，這也是可以理解的。只是這案情總是要問個水落石出。依我之見，那小偷不一定認識新娘，若是請另一位年輕女子出庭作證，那就有好戲可看了。」

縣令覺得這個計策很不錯，便按照老吏的吩咐，安排了一位由妓女裝扮成的新娘，再對小偷說：「現在新娘子來了，你敢和她對證嗎？」小偷暗暗發急，牙一咬說：「敢！怎麼不敢！」

這時，老吏領著「新娘」緩緩走進公堂。小偷一個快步上前，嚷了起來：「我的姑奶奶，不是妳叫我來幫妳治病的嗎？為什麼又讓人將我當作賊，送到衙門呢？現在妳可要給我作證啊！」

「哈哈！」在場的人哄堂大笑，妓女裝扮的新娘也笑了起來：「真正的新娘還在新房呢？你認得是哪家的新娘子？」

小偷一時傻了眼，跌坐在地，再也沒有把戲可唱了，這時候縣令再一審問，他便老實地認了罪。

老吏不墨守成規，懂得靈活變通，讓事情有了進展，進而逮捕小偷。平常的我們，做人自然要按照規矩，但做事的時候，有時也要懂得變通。

這並不是要你違背自己的良心，做些天理不容、違背法理的事情，而是在所有條件許可下，有所改變。

就像我們打算從台北要到台中，可以使用好幾種交通工具，高鐵可以到、火車可以到，客運也是一個方法。如果真有急事，訂不到票，甚至可以搭乘計程車，就算貴了些，但也是一種變通的方式。

處事懂得變通，才有進展，腦筋要靈活運用，才能突破困境。我們要適時改變自己，啟動不同思維，方能開創新的局面。

第三則

魯莽是偽裝的勇敢

英國諺語：「勇敢的最重要成分是謹慎。」故面對敵人時，要準確分析，知己知彼，這樣才能百戰不殆。

西元前二〇三年十月，韓信攻下了齊國歷下，一舉占領了齊都臨淄。齊王田廣見情況危急，便趕到楚國，向項羽求救：「您是各國的盟主，現在齊國被韓信攻破，情況十分危急，您總不能見死不救吧？」

項羽見田廣嚇成那副模樣，睥睨的說：「你別把韓信吹捧得像神一樣，那位爬人跨下的將軍竟把你嚇成這般樣子，真是活見鬼。」但還是派了大將龍且，率領了兩萬士兵，前往齊國，聯合抵抗韓信。

同年十一月，齊楚聯軍，與韓信所率領的漢軍在濰水的兩岸臨水對陣。龍且是位有勇無謀的人，用兵往往只求狠衝猛打，完全不講求計謀韜略。好戰的龍且幾次要向漢軍發起攻擊，都被齊王田廣勸阻了。

「將軍，我們再也經不起失敗了，沒有必勝的把握，千萬別過河去與漢軍拚個生死，我們實在是禁不住這個失敗啊！」齊王苦口婆心地勸說，希望龍且不要魯莽行事，可是齊王的良言相勸，終究沒能阻止龍且。

這天，韓信突然指揮大軍渡河進擊，可是部隊渡河到一半時，漢軍便撤回了。

「龍將軍，漢軍不戰自敗，而且退得如此有秩序，似乎哪裡不太對勁，其中可能有詐，我們可要小心點！」田廣覺得憂慮。

「哈哈，我早就知道韓信這人是個膽小鬼，齊王，您可不要『一朝被蛇咬，十年怕井繩』呀！您這個樣子，怎麼當齊國的君王呢？」龍且根本聽不進齊王田廣的意見，一意孤行，指揮部隊乘勝追擊；龍且自信滿滿，認為必能打個大勝仗。

豈料，當他領著士兵渡河，過不到一半，濰水的上游突然發起洪水，只見激流滾滾，傾瀉而下，有如一條白色巨龍，帶著驚天動地的氣勢而來，一下子就把龍且的部隊給沖散了。

這時候，在對岸的漢軍開始攻擊！情況大為不妙，龍且開始感到慌亂，但人在水中，進也不得、退也不得，而在急流當中的士兵，更是成了漢軍的活靶子，毫無招架能力，而阻在濰水東岸的楚兵，更是潰不成軍，四散逃亡。

而漢軍在韓信的指揮下，渡河乘勝追擊，殺死了龍且。齊王田廣也被韓信活捉了。齊楚聯軍，就這樣被打敗了。

至於濰水為什麼會突然暴漲？原來，韓信早在齊楚兩軍抵達濰水之前，就叫士兵在夜裡做了一萬多個布袋子，裡面裝滿了細沙，堆在濰水的上游，這樣濰水上游便形成了一個人工堤壩。

然後，他再佯裝敗退，把敵軍引到河中，等到敵人中計，他再命令位居上游的士兵把沙堤打開，如此一來洪水瞬間傾洩而下，漢軍便能輕而易舉地打敗齊楚聯軍。

韓信設置了誘敵之計，水淹聯軍，能成功的最主要原因是因為龍且驕傲輕敵，一意孤行，最終落得慘敗，不僅丟了自己的性命，連跟隨他的士兵也落得悲慘下場。

凱瑟琳·雷恩說過：「魯莽往往以勇敢的名義出現。」我們遇到事情時，千萬不能憑著一時意氣，魯莽行事。韓信的退守並不是懦弱的行為，後退是為了前進做準備，而身為領導人的龍且，卻看不到後面的災禍，只憑衝動前進，還連累了兩方軍馬，相當可惜。

遇事不懂得思慮，必招苦果。遭遇失敗更該反省思考，事情何以致此？是不是當初缺乏思考，只憑一股衝動就貿然行事？

像是有人欠下了信用卡債務，在消費的當下未能去思考這筆花費是否必要，刷卡之後有沒有能力償還，等到帳單來了，才發現無力還款，結果債務越積越多，這便是衝動的結果。

在面對誘惑時請退一步想，對方這樣的布局，是不是有什麼用意？貿然前進，會不會讓自己走人萬劫不復的地步？多思索兩步，便可以免除災禍。

第四則

明澈的洞察力

要想看破事物的假象，就要有洞察的能力，隨時保持一顆清醒的腦袋，就能識破敵人的詭計。

西元前二七〇年，秦昭襄王採用范睢遠交近攻的策略，拜白起為大將，先擊破楚軍，奪下郢都，迫使楚國求和；又大敗魏軍，斬首四萬，魏國為求自保，只得獻出三個城池求和。秦軍連連克捷，秦王被勝利沖昏了頭，再派胡傷率師二十萬伐韓，包圍了邊城閼與。

這閼與是韓國的邊陲重鎮，若被秦軍攻破，非但韓國朝不保夕，同時也會危及趙國的疆域。於是韓王火速派遣使者，前往趙國求救，趙惠王也不拒絕，立刻派出趙奢為將軍，率兵五萬，火速馳援。

只是這大軍一離開趙國都城邯鄲，才走了三十里，突然傳來主將的命令：「停止前進，就地紮營。」

「怎麼才離開都城就要紮營，是不是命令傳錯了？」「救援閼與這麼緊急的事，不該停兵不進啊！」趙國官兵們疑惑不解，議論紛紛。

趙奢隨後又傳命說：「就地紮營，不得延誤，若有人再討論軍事者，斬！」

這下子趙國的士兵們都不敢再多言，這仗還沒打，項上人頭就不保，這還得了？這時，有一名打探軍情的軍官回來稟報秦軍攻打閼與，其勢勇猛，請趙奢儘快帶兵救援。結果趙奢以他違犯軍令為由，將他斬首示眾。如此一來，全體官兵都知道趙奢不是開玩笑的，再也不敢提進軍解救閼與的事了。於是趙軍原地停留二十八天，每天增壘挖溝，修築防禦工事。

而秦國主將胡傷聽說趙國已經派出援軍，可是一個月都快過去了，還不見人影，就派了一名親信，直入趙營去見趙奢：「秦軍攻打閼與，很快就要破城而入，趙將軍若敢與秦軍交鋒，請速來一戰。」

趙奢卻道：「趙王以鄰邦告急，派遣我加強邊防，我怎麼敢與胡傷大將軍交戰呢？」他還款待了胡傷的親信，讓人帶著他看過趙營防禦，又禮送他出境，秦使如實回報。

胡傷聽了，高興地說：「趙奢動也不動，只顧著自己，根本不敢與我打上一場，我可以專心攻打閼與了。」

而送走秦軍的信使後，趙奢開始有所動作，他馬上點選了數萬精銳輕騎作為先鋒，大軍隨後，日夜兼程，僅兩天一夜，就進軍韓國，在離閼與十五里的地方安營紮寨。

軍士許歷獻策說：「秦軍不知我們已經到來，對我們並沒有防備。元帥應到北山山嶺上，從那裡觀察秦兵的行動。」趙奢就讓許歷帶領一萬人，屯據北山待命，然後厚集陣壘，等待秦兵來戰。

等到胡傷發現趙奢的兵馬，竟然出現在背後，大吃一驚！知道中了敵人的計謀，但想他秦國有二十萬大軍，趙軍不過五萬，打算先退趙兵再攻閼與。兩軍交戰，趙兵在主帥的指揮下，與秦兵廝殺正烈。

此刻，忽聞一聲鼓響，只見許歷帶著兵馬從山頂殺了下來，喊聲如雷，前後夾攻，立即將秦軍殺得人仰馬翻。胡傷大怒，企圖爭奪北山山嶺，幾次衝鋒，都被飛石擊潰。而趙奢再度揮兵圍來，幾乎將胡傷生擒，胡傷趕緊逃走，趙奢乘勝追擊，將秦國大軍趕出韓境五十里才收兵，一解閼與之圍。韓王親自勞軍，致書稱謝趙王。

趙奢紮營，是為了掩人耳目，讓敵軍掉以輕心，然後出其不意給予攻擊，取得了勝利，使大家口服心服。

人生旅途總是會遇著許多狀況，我們對於太過輕易便能看到的事物，要有所警覺，不能保證它就是真相。有的有可能是煙霧彈、有的是障眼法，這些都可能是敵人用來故意攪亂我們的目光，讓我們失了方向。

所以，在面對任何事物時，都要有明晰的洞徹眼光，對於事物的迷障，還要有撥開迷霧的能力。眼見不一定為憑，即使眼睛已經看到了，還不一定為真，還要用腦袋去思考，利用我們的智慧去判斷。

唯有保持一顆清醒的頭腦，並訓練自己的眼光，再對全盤局面做個通透的了解，才不致在人生的道路上栽了跟斗。

第五則

投其所好，將計就計

遇到問題時，別害怕面對，先沉穩下來，利用現有的局勢及優勢，去思考如何突破，讓對方措手不及。

明朝正德年間，福建的福州府城內，有個朱紫坊，這朱紫坊有位秀才名叫鄭堂，字汝昂，號雪樵山人。他琴棋書畫、詩詞歌賦樣樣皆通。他在繁華的鼓渡雞口，開了個字畫店。幾個月下來，生意興隆，也漸漸有了名氣。

一天，有個叫龔智遠的人，拿來一幅《韓熙載夜宴圖》，這可是五代名畫家的傳世之作，是件稀世之寶，鄭堂大喜，沒想到竟然有人拿這幅圖前來典當，當場付了八千兩銀子，而龔智遠則答應典當到期，願還一萬五千兩銀子，然後離開了。鄭堂得到畫，喜滋滋的，如果龔智遠屆時沒有來贖的話，這《韓熙載夜宴圖》就是他的；如果畫被贖了回去，他還是有賺頭。

可是一晃半月，到了最後一天，不見龔智遠來贖畫。鄭堂取出畫，再仔細看一遍，才發現這竟然是一幅假畫。他的八千兩銀子飛了！鄭堂被騙去八千兩銀子的消息，在一夜之間不脛而走，驚動了全城的同行。

沒想到隔了兩天，全城的士子名流，還有字畫的行家都接到鄭堂的邀請，眾人十分訝異。大伙不知鄭堂為什麼此時還有心思宴客？對此大為不解。但他們更好奇鄭堂被騙的反應，於是當晚賓客幾乎全到了，有的抱著關切的心情，有的抱著吸取教訓的心情，也有的人抱著看熱鬧的心情，更有一些人抱著幸災樂禍的心情而來。

鄭堂辦了十桌酒席，坐無虛席，鄭堂先請大家喝酒，席間沒人敢提鄭堂被騙的事。酒過三巡，鄭堂主動命人從內室取出那幅畫，人群開始起了騷動，等《韓熙載夜宴圖》的假畫掛在大廳堂的正中央，大伙無不屏息以待，等著鄭堂下一步的動作。

鄭堂對大家說：「今天邀請諸位前來，一方面是向大家表示鄭某立志字畫行業，決不因此甘休的決心；另一層意思是，透過鄭某這件事，讓大家有個警惕，同時也讓我們同行共看假畫，認識騙子是用什麼手法以假亂真，免得日後有人受害。」

眾人離席，紛紛上前，仔細看完假畫之後，都說：「鄭先生使我們開了眼界，避免同行日後受騙上當，真是功德無量！」鄭堂笑著，此刻，他將假畫從牆上取了下來，投進火爐之中，眾人又是驚呼不已。鄭堂邊燒邊說道：「如此騙人之物，留於世間，又有何用？不如燒了吧！」鄭堂燒畫，一夜之間又轟動整個府城。

第二天，驚人的事情出現了！鄭堂到了店裡，見龔智遠坐在店裡，他笑眯眯的跟鄭堂打招呼，還解釋說因為有事，而耽誤了歸還銀子的時間，為此感到不好意思，客套一番。鄭堂則淡淡的說：「只誤三天，無妨，但需加三成利息。」這連本帶利一算，共計一萬五千兩百四十兩銀子。那龔智遠早知畫已燒了，所以並不擔心，他說：「好，我將兌銀，請鄭先生兌畫！」「好的。」鄭堂說這話時，龔智遠見他表情自然，覺得疑惑，等鄭堂進了內室，取出那幅畫交給龔智遠，龔智遠接畫在手，迅速展開一看，兩腿一軟，幾乎癱了下來。

原來，鄭堂一開始早就察覺這幅畫是假的，只是當時故作不知，還將畫收了下來，目的就是為了讓龔智遠就範。

隨後，鄭堂照這幅畫，再仿另外一軸，同時私下派人四處傳播自己受騙了，設宴毀畫，目的就是讓典當圖畫的幕後策劃者知情，主動送來本息巨金。鄭堂在宴席上燒畫，其實是自己仿造的那一幅。

就這樣，鄭堂不但沒有損失錢財，反而還賺了一筆，並且懲治了欺騙自己的幕後黑手。

以計害人，足不可取，上天給我們聰穎的腦袋，是用來解決事情，為社會謀福利的，如果以才智來陷害他人，謀取私利，就怪不得別人說卑鄙了。

當遇人用計設計之時，不要慌張，先冷靜下來，找出漏洞，再藉此教訓存心詐騙之人。

詐騙這個行為，到現在還沒滅跡，現今有不少人遇到詐騙集團開始懂得反擊了，用的就是將計就計這一招，讓騙子以為成功時，反而被警察生擒，或是擺了詐騙集團一道，大快人心，也令人發噱。

不過將計就計，需要有精明的腦袋、沉穩的氣度，在爾虞我詐中，找出一線生機，打擊犯罪集團！

第六則

冷靜可以淡化情緒

真正危急的時刻，只有保持冷靜才能解決問題，因為很多時候，我們都是獨自一個人面對難題，別人是沒辦法幫你的。

唐代的滕王極其荒淫，甚至還立誓要睡遍百官的妻子，名聲非常惡劣。他常以妃子召見為名，召見官員的美妻，把官員的妻子騙到宮裡姦淫，讓官員們避之唯恐不及。

當時有個典簽名喚崔簡，據聞他的妻子鄭氏貌美如花，滕王當然不肯放過，就派人以自己正妃的名義，前去傳喚。

崔簡犯了愁：如果讓妻子前往宮中，難保不被糟蹋；可是如果不讓鄭氏前去，滕王降罪下來，豈不家破人亡？正在左右為難之際，鄭氏倒是主動開口了：「夫君，你把我送進宮中吧！」

「不行！那滕王好色，妳這一去，豈不羊入虎口。」崔簡十分擔心。鄭氏安慰：「你放心，我不會讓滕王得手的。」

鄭氏跟著來人走進王府中門外的小閣，而在裡頭等候很久的滕王，一看見崔簡的妻子，果真如傳說中的貌美，色慾薰心，就撲了過去！

鄭氏也不是省油的燈，她一見滕王向她撲來，就大聲呼叫：「大家快來呀！我是來見滕王的。大王怎麼會是做這種勾當的人呢？這人一定是個品行不端的家奴！」

鄭氏一邊叫喊，一邊脫下一隻鞋，猛擊滕王的頭部，把滕王打得血流滿面，又抓破了滕王的臉，樣子十分難看。就在此時，王妃聽到叫喊聲出來，王府裡也一團亂，鄭氏乘機逃脫。

滕王哪會想到鄭氏如此厲害，被她一陣毒打，弄得十分狼狽，在王妃面前又不便發作。他又氣又惱，十多天都不出來處理政事，整個人悶極了！

鄭氏回到家裡，把在宮裡發生的事一五一十告訴了崔簡，崔簡聽後戰戰兢兢，害怕滕王將自己治罪，可又不敢不去參見滕王。就這樣過了一段提心吊膽的日子。

後來，滕王獲罪，崔簡看準這個時機，前往宮中道歉。滕王十分慚愧，才認識到以前對不起崔簡，對不起其他的官員和他們的妻子，於是下令放出眾官的妻子。

這些被糟蹋過的妻子，出宮後知道鄭氏拒辱的事，無不欽佩她的勇敢和智慧。

遇到事情時，你是手足無措？，還是能夠有其他選項？一般人都希望能成為後者，只要你夠冷靜的話。

像是一個人出國旅行時，如果皮夾被偷，你是蹲在原地痛哭，還是冷靜下來，思索解決之道？你可以打越洋電話哭訴，但最終還是得解決問題。你可以向千里之外的親友尋求幫助，但鞭長莫及，也可以選擇跟當地的使館連繫，讓他們提供協助。

慌亂與危機只有一線之隔，冷靜能夠讓我們的腦袋更加清明，可以明白現在的狀況，再找出最適合自己的問題解決方法。所以在遇到危機時，千萬不要慌亂，先冷靜下來。

第七則

善於察言觀色

在人際交往中，察言觀色是很重要的，這不僅有助於提高社交能力，做起事來也能得心應手。

戰國時，齊威王重用宰相田嬰，並封他為靖郭君。不論大事還是小事，都請田嬰裁奪，因為田嬰出的主意，都能合乎齊威王的胃口。

田嬰原本是齊國公族，沒有什麼大功勞，他能夠爬上如此高位，是因為他懂得讓齊威王寵信，就是順著他的意思去處理一切大小事。但是，有時齊威王又不肯將心中的心思講出來，讓田嬰十分為難。

有一年，齊威王的夫人死了，王后的選立迫在眉睫。但是，齊威王共有七位妃嬪，田嬰不知道威王寵愛哪個，他怕一旦推薦錯了，威王心中不高興，將影響他的權勢地位。但齊威王又不開口，怎麼才能探出威王的心意呢？田嬰實在犯了難。

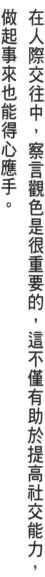

這時，正巧有位富商為了巴結他，送來一對耳環。那耳環是用天然水晶雕琢而成，晶瑩剔透，玲瓏可愛。田嬰盯著那對耳環，看著看著，突然眼睛一亮，計上心來。

他立刻命人從市集買來六對看似相同的耳環，但這些耳環和富商送過來的那一對，不論在水晶的成色，還有做工上都差得遠了，讓人一眼就可看出不是什麼高檔貨。田嬰又讓工匠造了七只同樣的貴重木匣，然後將所有的耳環，連同富商送來的那對，一個匣內裝上一對，準備第二天進宮去獻給威王。

第二天一大早，田嬰便讓手下捧著木匣，隨著自己進宮，對齊威王說有商人從崑崙帶來七對水晶耳環，想要獻給大王，還特別拿出那對精美的耳環，盡說著它的好處，炫耀了一番。

齊威王一見正好七對，心想自己的姬妃可每人一對，省去了她們的爭吵，心中十分高興。但一想這樣均分，豈不虧待了自己寵愛的隗姬了。待田嬰特別炫耀之後，威王看出有副耳環特別好，才放下心來。那一天退朝後，齊威王就將七對耳環分送給七位妃嬪。當然，他特別留心，將那副最好的送給隗姬。

過了幾天，田嬰進到宮中，看到那對富商送的耳環，就戴在隗姬的耳上，看出了齊威王的心思。後來在選擇王妃的時候，他便奏明威王，說臣子們都希望冊立隗姬為王后。齊威王一聽，這可合了自己的心意，覺得十分高興。冊立王后完畢，便加封給田嬰不少土地。

田嬰動了點心思，查出齊威王的心意，進而推薦隗姬為王后，順了威王的心意，雖然有點巧詐，但仍不失智謀。

在現今社會又何嘗不是如此？察言觀色乃是透過一個人的一言一行，進而去摸清對方的心思。為了使事情進展更加順利，有時候我們也會去觀察一個人，從他說話的聲音、臉部的細微動作，甚至身體語言，都可以知道他在想什麼。

人的心情，會表現在外在，這一點從心理學上就能證明。很少有人能夠完全控制脾氣，做到不論喜怒無動於衷，只是有時候這點證據太過細微，而讓人忽略了對方此刻真正的心情。而懂得察言觀色的人，便是從這一點下手，進而收服了對方的心意。

只要明白自己的目的是什麼，出於善意的察言觀色，這就是你的優勢。一個不懂得察言觀色的人，有時候也會被人說是不識大體，或是白目呢！

第八則

學會利用各種資源

在生活中，只要我們認真發掘，善於觀察、運用自己的聰明才智，就會找到很多資源，好好利用就可以為自己的成功增添潤滑劑。

五代時期，吳越國錢鏐的兒子錢傳瓘（錢元瓘），領兵攻打吳國，吳國派出舒州刺吏彭彥章禦敵。兩軍相遇，在長江邊的狼山展開一場水戰。

錢傳瓘在出戰之前，先命令手下將士在每艘戰船上都裝上一些灰土、豆子和沙子。將士們覺得納悶：怎麼打仗還能用上這些東西？

錢傳瓘見將士們有所疑問，便告訴他們：「這些東西雖然普通，但可別小看它們，在作戰的時候，這些東西就能派上用場。這些灰土灑在敵人的臉上，他們就看不清方向；如果把豆子扔到敵軍的戰船上，使他們腳滑，就無法站穩；而沙子就留給我們自己用吧！鋪在我們的軍船上，能讓我們站得更穩。與敵軍作戰，就會更加靈活自如。」

將士們聽了錢傳瓘的話，紛紛讚歎他足智多謀，大家心中都增添了必勝的信念。很快地，就把每艘戰船「武裝」好了，只等一聲令下向吳軍出擊。

第二天，錢傳瓘和彭彥章分別率領軍隊，在水上擺開陣勢。彭彥章首先下令出戰。只見吳軍的戰船乘風破浪而來，煞有氣勢。

錢傳瓘知道吳軍正處於順風，不能用計，便命令手下躲開迎面而來的吳船，不要正面迎戰。

吳軍撲了個空，船隻直直開了過去。錢傳瓘見此，急忙命令讓戰船跟上，緊隨其後。吳國將領不知錢傳瓘要使用計策，又掉轉船頭，準備攻過來。這時，雙方位置互換，錢傳瓘一方乘風而行，吳軍船隻逆風而進。風向也是水上作戰很重要的因素之一。

等到雙方戰船接近之時，錢傳瓘立刻命令將士從船內抓起灰土，借著風勢，向吳軍吹去。

吳軍軍船正在行進，忽然漫天灰土飛撲而來，士兵們連忙遮住雙眼，有的灰土還跑到他們的眼睛，許多人扔下了兵器用手去揉眼，不過越揉就越睜不開眼睛。

慌亂之中，又發覺腳下直打滑，站也站不穩，原來錢傳瓘叫士兵們一邊往自己船上灑沙子，一邊往吳軍船上拋豆子。海上不比陸地，海浪不斷搖晃，這些豆子一落到船上，就開始滾動起來，再加上吳兵的雙眼還未能看清方向，正左右搖晃，一踩上豆子，便失去平衡跌倒，好不容易站起來，又再跌坐甲板，這樣一來，每艘吳軍戰船亂成一團，根本無心交戰。錢傳瓘借此機會，命令戰船上前，緊靠吳軍船隻，殺死了很多吳軍將士。至此，吳軍已不戰而敗。錢傳瓘又派人放火焚燒吳軍船隻，燒死的吳兵不計其數，最後吳越國大獲全勝。

錢傳瓘利用三種平凡無奇的事物，略施小計，輕而易舉取得全勝。錢傳瓘所利用的小東西，大家都知道，但是為什麼他能想到要運用這些東西呢？就是因為他善於觀察、善於利用，借助環境的力量來使自己獲得成功。

我們在面對問題時，也不要一個勁的，以為自己就能獨立解決，仔細想想自己有哪些人脈、資源，再針對當下的狀況，找出適合的資源予以善用，就能事半功倍。

資源有分兩種：有形的資源有多有寡，就看自己如何分配取捨，像是金錢、財物，這些在遇到問題時，能夠輕易化解困境，有句話說：「錢能解決的問題不是問題，錢不能解決的問題才是問題。」那錢不能解決的問題，又該怎麼辦呢？這時就要靠人脈了。

而無形的人脈資源，更是平常就要累積，跟人家「博感情」，這樣你有困難的時候，人家才會心甘情願拉你一把，而不是平常不跟人家交流，遇事卻希望對方幫忙。無形的資源，比有形的資源更難得。

這並不是要你為了人脈，而懷著心機去與他人接觸，而是以真心去對待每個值得交往的人，需要先付出，最後才有收獲。而能獲得他人真心的回饋，就是最好的禮物了。

第九則

發散思維的巧妙利用

在人才輩出的時代，思維不能只講究單一模式，考慮問題的角度和方式也要多元，才能面對未來挑戰。

西元五七四年，北周的都城是長安，有一次，周武帝準備出巡，臨走前，他把太子和大臣們都召集過來，語重心長地說：「朕此番出巡，朝中許多大事，都靠你們了。京師的安全，王業的威望，你們要時刻記在心上。」大臣和皇太子畢恭畢敬地答應著，周武帝便離開了。

但武帝一離開皇宮，長安城裡就發生了一場蓄謀已久的政變。原來宇文直想要當太子，但費盡好大的心思也沒有當上，對現任的太子懷恨在心。這次見父親巡遊出宮，認為機會來臨，便召集部下率兵包圍皇宮，逼太子讓位。

宇文直帶著士兵，耀武揚威，直衝宮殿正中的肅章門。當時守在肅章門的，是一個叫長孫覽的武將。這長孫覽見皇子領兵而來，不敢抵抗，不知如何是好。

宇文直喝令軍隊衝進肅章門，守在肅章門的副將尉遲運看到此情景，明白是發生兵變，急忙命令關上城門。只見宇文直的兵士硬往裡衝，尉遲運帶人拚命關門，雙方發生激烈的爭奪戰。尉遲運的手指被砍傷，但他拚了老命，領著人馬把城門關上，硬是將宇文直一行人擋在門外。

宇文直見硬衝不行，不覺惱怒，便下令放火燒城門。士兵拿來乾柴，火一點燃，剎那間燒成一片火海，城門眼看便燒成了火焰門。

尉遲運知道，如果城門被燒開，皇宮內的御林軍很難抵抗宇文直的軍隊。這時他突然想到，既然宇文直想用火攻，那他就反過來利用這一點，以火攻火！

於是尉遲運便命軍士們趕緊從宮中搬來木材，堆在城門內，又倒上油。士兵們都不知道他到底想幹什麼，但時間容不得他們發問，只能聽命而行！

頓時間火上加油，一發不可收拾！城門外的烈焰燒焦了城門，又順勢引燃了城門內的木材。

宇文直急於攻進皇宮，但尉遲運不停指揮兵士，向烈火中投木材，沒有木材，就把桌子、椅子劈了，丟進火中，就是不讓火焰燒盡，維持熊熊大火。就這樣，大火燒了很長的時間，宇文直也不敢魯莽而行，就這樣，熊熊燃燒的一道火焰門，將兩軍隔開對峙。

尉遲運又急忙吩咐皇宮內的御林軍，從另一個小門，繞到宇文直的大軍之後，殺他個措手不及！此刻，宇文直率領的軍隊軍心大亂。

城門前已因大火無法前進，宇文直只得調過頭來，與後方的御林軍戰鬥，尉遲運乘機把宇文直殺得大敗而逃。

周武帝回京之後，立即派人抓回宇文直，判了死罪，並重賞了尉遲運。

俗話說，心急吃不到熱豆腐，宇文直求勝心切，貿然採取火攻，尉遲運則為之添火加柴，讓火燒得更猛烈，以至於宇文直引火上身，丟了自己的身家性命。以火攻火，有誰想得出來？尉遲運一反常規，不僅打敗了宇文直，守護了太子，更為自己帶來封賞。

而在這裡，我們可以學習的，是尉遲運的思維，懂得不被常規所束縛，他的思考跳脫了一般人的模式，在關鍵時刻，發揮了很大的效用。靈活的思維能讓人掙脫預設的束縛，開創不同的未來。懂得這一點的人，他的人生自然也跟常人不一樣。

不只尉遲運，我們處在這個多變的社會，同樣也需要有不同的思維來讓我們應付這個新世紀。舊有的觀念不是不好，而是要懂得變通，因時因地制宜，才能為我們創造更多的機會。

第十則

凡事預則立，不預則廢

一個想取得成功的人，必須擁有長遠的眼光，提高對事物的掌握能力，只要預先做好準備，就不會陷入窘境。

西元一〇一五年，北宋皇宮發生了一場嚴重的大火。這場火不但燒毀了宮室的樓臺，也吞噬了所有的殿閣亭榭，讓富麗的皇宮成為一片斷垣殘壁。

大火結束後，宋真宗站在廢墟上，但見滿目瘡痍，不禁嘆息：「沒有皇宮，如何上朝，如何議政，又如何安居呢？」於是他叫來宰相丁謂，令他負責皇宮的重建工作。

丁謂接受任務後，在廢墟上走來走去，思考建立新皇宮所將遇到的問題。蓋皇宮需要很多的泥土，可是京城中的空地很少，取土要到郊外去挖，路程很遠，來往得花很多的勞力，這是問題之一。

再者，修建皇宮需要大批建築材料，都需從外地運來，而汴河在郊外，離皇宮的位置又很遠，從碼頭運到皇宮有一段距離，還得找很多人搬運，要用很多人力，這是其二。最後是清理廢墟，要將碎磚、破瓦等大批垃圾運出京城，也是個大工城，這是其三。

丁謂走在路上，他一面思考解決的方式，結果走錯了路，來到鄉村，在他正準備離開時，看到一個臨時搭建的小木棚，裡頭有個小姑娘。小姑娘正在煮飯，從生米到熟飯，還需要一點時間，她拿起一旁的衣服，開始縫補，毫不浪費時間。

丁謂心頭忽然想到，既然要辦事情，要達到高效率，就得統籌兼顧，安排好所有的財力、物力、人力和時間，而不是用舊有的方法，讓自己陷入困境。這種道理，連個小姑娘都知道，他怎麼會忽略了呢？

透過這個道理，他提出一個方案，就是先叫民工在皇宮面前的大街上，挖出一條深溝，而那些挖出來的泥土，就拿來做為施工之用，這樣就不必再到郊外去挖土了。

過了一些時候，施工用土充足了，大街上也出現長且寬闊的深溝。

再過些時候，丁謂巧妙引用河水，從汴河河堤人工挖掘的出口湧向深溝之中，等汴河的水填滿深溝之後，一艘艘竹筏、木筏，以及裝運著建築材料的小船，便能緩緩駛到皇宮前。丁謂站在深溝前捋著鬍子笑了，如此他一次解決了兩道難題。

一年後，宏偉的宮殿和玲瓏的亭臺樓閣，修建一新。皇宮落成這天，汴河河堤的缺口功成身退，遂命人堵住，深溝裡的水則導回汴河之中。待深溝乾涸時，一車車、一擔擔瓦礫灰土，則用以回填到深溝之中，一條寬闊平坦的大路，又出現在皇宮之前。而那皇宮看來也巍峨莊嚴了！

具有遠見的人，必懂得未雨綢繆與事前規劃。未雨綢繆除了防範於未然，更為可能的意外做好準備，那麼，即使問題真的發生了，也已有因應對策，不用懼怕。設定好目標，事前縝密規劃安排，築夢踏實。

「宜未雨而綢繆，毋臨渴而掘井。」明代朱柏盧這話就已經為我們做了很好的解釋。

人的一生，就在無數的考驗中成長，以洞察世事的遠見不斷思索，緊接著一次次實踐，一次次成熟，一點點進步，我們的生命也能因此變得絢麗多彩。

- 未雨綢繆：丁謂在重建皇宮時，不僅考慮了重建的問題，還預見了可能出現的困難，提前制定了解決方案。這啟示我們，應該在面對挑戰之前，預見問題並制定應對計劃，以未雨綢繆，降低風險。
- 學習生活的智慧：生活中的智慧和經驗可以提供寶貴的教訓，我們應該保持敏銳的觀察力，從日常生活中學習，並應用到解決更大的問題中。
- 靈活思維和創新解決問題：在處理挑戰和機會時，不要受限於傳統思維，要勇於嘗試新方法，靈活的思維和創新的解決問題方式，可以在困難情況下取得優勢。
- 團隊合作和信任：建立團隊合作，互相信任，實現共同目標。
- 重視思考和學習：善用思考和學習的能力，是成功處理各種情況的關鍵，無論是在解決問題、發展技能還是應對挑戰時，都需要運用大腦的力量。因此，不斷學習和思考是個人成長和成功的重要部分。

- 堅持和毅力：堅持追求目標，克服挫折，保持毅力。
- 察言觀色：在人際關係和處事過程中，仔細觀察對方的言行舉止，可以幫助我們更好地理解他們的需求和意圖，進而做出明智的決策。
- 善用智謀：田嬰雖然使用了一些巧妙的手法善待他人和建立人脈：積極建立和維護人脈關係，以及以真誠和善意對待他人，能夠在需要時獲得支持和協助。
- 明晰洞徹眼光：對事物要有明晰洞徹眼光，即使眼見不一定為憑，事實不一定等同於外表表現。在做決策或評估情況時，要有深入思考和分析的能力，不僅止於表面觀察，還要用智慧去判斷真相。
- 避免魯莽行事：當面對挑戰或決策時，不要憑一時意氣或衝動行事，而應該慎重考慮，衡量風險和後果，避免不必要的失敗。

第五章
做個有遠見的人

第一則

堅定道德的旗桿

不輕易受市場消息影響，不讓流言蜚語擾亂了我們的理智，方能接近事情的真相。

西元六一八年，隋朝滅亡，李淵就任唐朝的開國皇帝。雖然年事已高，但李淵仍勤於朝政。

一日，他在審閱各地送來的公文時，發現有人狀告岐州刺史李靖，說他恃功而傲，招兵買馬，意欲謀反，還列出多項佐證，使人不得不信。李淵將這份文書看了又看，一直無法放下。

李淵半信半疑，覺得李靖一向忠心耿耿，自己又待之若心腹，他怎麼會謀反？但倘若這份狀子寫的內容是真的，狀況豈不危害國業？他思考良久，還是無法定奪，最後決定派出一名御史前去審理此案。

御史聽到李靖謀反的消息，也大為吃驚。他認為李靖做人坦蕩，一向光明磊落，怎會謀反？但憑自己的一面之詞，又如何讓人信服？於是向皇帝請命，此次前去岐州調查，還要帶著告狀人一同前往，以便取證。李淵答應了，便命人將那告發的官吏找來與御史一同出發。

御史帶著一行人，日夜兼程，趕到岐州。到達目的地時已經入夜，便住進驛站。

誰知第二天清晨，御史便集合了所有人，氣急敗壞道：「昨夜有小偷闖進我的房間，偷走了我的錢財和隨身衣物。失去這些還不打緊，但那裡面有皇上交待我查案的狀紙，如今不見了，想必是被盜走了，叫我怎麼對得起皇上呢？你們趕快將小偷給找出來！」眾人大驚，丟失了皇帝批示的御狀，誰擔得起呀！

驛站的人便將曾進出過御史房裡的人統統抓了，但無論他們怎麼逼問，還是找不到狀紙的下落。

無奈之餘，御史只得把那個告密李靖的同行官吏，帶到他的房間，為難地說：「我本是奉了皇上的命令出來辦案，想不到竟然發生這種事，還把你的狀紙弄丟了，不但無法辦案，也無法向皇帝覆命，只能麻煩你再繕寫一份狀子了。」

那官吏很是為難，但又不好推辭，只得答應重寫。御史給了他筆墨，那官吏坐了下來，抓頭搔腦寫了好久，好不容易才把狀子重新寫完。

御史接過狀子看了看，立刻大喊：「來人哪！把這個誣陷他人的狗官給綁起來！」手下連忙進屋，準備將官吏抓起。

那官吏心頭一驚，不知是哪裡露出馬腳，趕緊說：「下官不知犯了什麼罪？望大人明示。」

御史將官吏先前所寫的狀子，從懷中拿了出來，不慌不忙說道：「這兩份狀紙自相矛盾，舉證之造反事例前後不一，分明是你蓄意企圖誣陷李大人，還不從實招來？」官吏臉都嚇白了，雙腿癱軟在地，一句話也說不出來。

原來，御史之所以說狀紙丟失，是為了讓官吏重新繕寫，以試真偽。如果狀紙寫的事情是真的，那就算重寫一份，內容也不會相距太遠。但新寫的證詞和舊狀紙所提出的證據，大不相同，將兩份狀紙放在一起檢視，不僅前後矛盾，還有許多破綻，所以御史斷定此事根本是這名官吏胡謅。

經過審訊，果然是這名官吏為了私人的利益，企圖誣告李靖，如今被御史識破，他也無話可說，只能乖乖認罪。御史將這名官吏押解回朝，奏請皇帝將他斬首。

在這個社會上往往傳頌著種種風聲，一下說這個人不好，一下說那個人不好，孰是孰非，撲朔迷離。使我們的心就好比風中的旗子，那些閒言閒言將旗幟吹得一會兒向東、一會兒向西，令人坐立難安。但只要道德真理如旗桿屹立不搖，不論風再怎麼吹，我們心中的旗桿始終無法撼動。

因為我們知道什麼是對的，什麼是錯的，如果一味聽從別人所言，只會讓自己陷入迷障，失去方向，唯有找出心中那根道德的旗桿，將它立得牢牢的，再以理智去辨明真偽。

就像李靖遭人陷害，即使你明知道是誣陷，也要找出證據證明此事，而不是一味的幫他說話，否則只會讓人覺得你是在幫他脫罪。

用事實邏輯來證明這世上的真理，用理智來掌握真相。縱使惡人的計謀籌劃得再嚴密，但百密總有一疏，只要我們能掌握這一點，加以擊破，真相終究會水落石出。

第二則

最偉大的困難造就最偉大的人

有才智就不要藏拙，徹底將它發揮出來吧！總有需要你的人，等著你協助他們。

北宋年間，河中府城外有一座浮橋。此橋建造奇特，橋墩是由一條條的木船緊緊排在一起建造而成，上面再鋪上一塊塊木板，浮橋便順利架起；人們還鑄了八隻大鐵牛，每隻重約萬餘斤，置於兩岸，用來拴牢浮橋。此橋既可走人，牲口或車輛通行也沒問題，它是河中府的交通要道。

有一年，黃河暴漲，不但淹沒兩岸，還沖垮了浮橋，而且連八隻大鐵牛也不見蹤影，估計是沉到河裡了。

這座浮橋是當地的交通命脈，少了它可不得了。人民的生計及經濟深受影響，所以當洪水銷退，河中府立刻調集人力物力，迅速重建浮橋。

人們日夜奮戰，不眠不休，很快地，浮橋就架好了，但是尋找拴牢木船的大鐵牛，便成了燃眉之急。再造，費時又費料；不造，又不知要用什麼東西來栓牢浮橋？最好的方法，便是把墜入河裡的大鐵牛打撈上來。然而，萬餘斤的龐然大物，別說是在河裡，就算是在陸地上，想要移動它半步也非易事；況且，鐵牛沉入河底，早已深陷泥沙之中，想要打撈它，簡直是難上青天了！

為了能使浮橋盡快啟用，河中府便在城牆上貼了一張《招賢榜》，旨在廣邀能人賢士打撈鐵牛。

路過的人，看了《招賢榜》，雖然被「重建浮橋」、「造福百姓」、「重金獎賞」等言詞打動，但是苦於無計，也愛莫能助。

這時，有個法號懷丙的和尚路過此地，看到《招賢榜》上的內容，思考了一會，便揭下榜單。

這撕下告示的意思，就是有意解決榜單上所寫的問題，河中府的老百姓見到有人撕榜，都聚集了過來。只是沒想到撕榜的竟然是個和尚！

有人好心勸道：「師父，您大概是遠方高人吧？這鐵牛萬餘斤，打撈決非易事，您可要慎重啊！揭了《招賢榜》又撈不上鐵牛，這可不是件小事情！」

和尚笑笑說：「多謝您一片好心。貧僧自有辦法，解鈴還需繫鈴人，水把鐵牛沖走，我再叫水把它送上岸來！」

聽他這麼說，人遂將他送往縣衙，河中府縣令得知有人能解決此事，非常高興，下令一切聽從懷丙的指揮，這時懷丙開始實施打撈計畫了。

河中府的老百姓聽說有個和尚揭了榜，紛紛趕來，河邊圍觀的人群比縣令派來的工匠還多。

首先，懷丙和尚先請幾個水性好的人潛到水底，知道了八隻鐵牛的位置。再指揮一幫船工，把兩艘大船裝滿泥沙，並排拴在一起，又在兩艘船的中間，搭了一個木架子。眾人看了，仍然是丈八金剛，摸不著頭緒。

懷丙再指揮船工，把船划到鐵牛沉沒的地方，又讓人順著拴在木架上的繩索，潛到水底，將鐵牛捆牢，然後拉緊木架上的繩索。

這時，他又讓船工把船上的泥沙朝河裡鏟去，隨著船裡泥沙減少，船身慢慢上浮；當兩艘船的浮力超過船身和大鐵牛的重量時，陷在沙中的鐵牛便一點一點慢慢往上拔。大鐵牛終於懸在水中了！

懷丙又指揮船工，把船向岸邊划，由於水的浮力，船拉著鐵牛前進，就輕鬆多了，眾人無不歡呼雀躍。這樣反覆來回八次，八隻鐵牛終於全部打撈上岸了！

當人們圍著它們又笑又跳時，懷丙和尚悄然離開，等縣令要將賞金賜給他時，已經找不到人了。

多年之後，河中府的人說起懷丙和尚，仍抑制不住欽佩之情。

智慧，除了讓我們在為人處世上更加圓融，更能使我們做事順遂；智慧，是經驗的總和，將我們所知、所見聚集起來，遇到問題便能輕易化解；智慧，也可說是為社會建設、為人民謀福利的才幹。

一個有大智大慧的人，是不會吝於發揮自己的長才的。像故事裡的懷丙和尚，其實已經出世，卻仍心繫百性，待鐵牛的問題一解決又悄然離開。說是出世，卻是入世；佛教的本義，也是在普渡眾生。懷丙可說是以溫柔的智慧，在照拂這個紅塵。

第三則

識時務者為俊傑

企圖完成夢想的人，一定要對整個局勢有所了解，並懂得利用情勢，遂能事半功倍，達到想要的效果。

五代末年，後周的兵權逐漸集中到趙匡胤的手中。趙匡胤不僅能征善戰，足智多謀，還是一個有雄心壯志的人。

後周世宗柴榮還在世時，趙匡胤尚能俯首聽令。柴榮中年身亡，他的幼子柴宗訓即位，趙匡胤便不甘受人驅使，覺得以他這般才能，怎能仰人鼻息，看人臉色做事？便生出奪位之心來。

柴榮一死，後周的宿敵也就是北漢，便勾結契丹，企圖入侵後周，年幼的後周恭帝柴宗訓便請趙匡胤統領所有可調動的兵馬，傾巢北去迎敵。趙匡胤父子見京城空虛，所有兵馬調動大權都集中在自己手中，決定利用這一天賜良機發動政變。

這天大批人馬出城後，只見天空半陰半晴，由於光線折射，太陽底下又出現了一個太陽，軍中將士們對此一異象十分吃驚。

當天夜晚，大軍駐紮在陳橋，趙匡胤之弟趙匡義便將隨軍的占星術士苗訓找來，授意他製造「天上兩個太陽，地上兩個皇上」的讖言。一時之間，軍營中傳得沸沸揚揚，都說周朝江山不穩，將有真龍天子現身。趙匡義又透過趙匡胤的禁軍製造輿論，說趙點檢就是真龍天子。

軍中鼓噪了一夜，趙匡胤在帳中聽得一清二楚，心中大喜。但他提醒自己，不可喜形於色，要先假意推讓一番，免得別人說他是先主屍骨未寒，就欺負人家孤兒寡母，從弱者手中硬搶皇位，難服眾心。

第二天，天色一亮，趙匡胤的親信便找來一件黃袍到軍帳中，請趙匡胤穿上它，登基為王。

趙匡胤假裝大吃一驚，表面義正詞嚴地說：「此事萬萬使不得！恩主剛剛過世，我們理當忠心扶持幼主，同心抗敵才是，你們怎麼能出此言？豈不是陷我於不忠？」

左右親信知道趙匡胤的真實想法，故作激奮地說：「如今天下紛爭，能者為王，英雄稱世，古今有之，有賢之人應當仁不讓。況且如今皇上幼年即位，我們已被鄰國瞧不起，故有北漢勾引契丹入侵之事。若點檢能承大統，捍我國威，還有哪個國家敢小覷？」見趙匡胤仍要推讓，手下親信將士一擁而上，把黃袍披在他身上，七手八腳地給他穿上，扶他上馬，回京都奪位。

大多將士不明就裡，都像是看戲一般，看著趙匡胤及親信們表演。趙匡胤被親信扶上馬，也不再謙讓了，環視了周圍的將士們，朗聲大喊：「若我即位，列位能聽我的嗎？」手下親信大聲回話：「哪個不聽，就砍了他！」那時當兵打仗，一是為混口飯吃，二是為劫掠點財物，誰當皇上都一樣，於是眾士兵都點頭稱是。

這下趙匡胤也不管強敵壓境了，領軍向京師出發。太后聽到趙匡胤回來了，大感驚訝！再見他身穿黃袍，心中已明白七八分，連忙交出國璽，只求孤兒寡母平安。

趙匡胤雖然政變，但他下達命令，不得侵擾後周皇帝、太后及群臣，也不得擅自擄掠或搶府庫，給小皇帝一個平靜，眾人都答應了。

趙匡胤及其弟匡義暗中做手腳，製造輿論，謀奪後周大權，成功表演一齣精彩把戲，攏絡人心，奪得皇位，建立後來的宋朝。

陳橋兵變，雖是政變，卻也突顯出趙匡胤的足智多謀，他善於利用情勢，為自己製造有利的狀況，完成稱王的夢想。

山不向自己迎來，那我們便向山走去吧！一個想登上山峰的人，是不會將時間耗在虛無的等待當中；與其被動等待機會降臨，還不如主動出擊搶得先機，甚至創造先機，為自己達成目標。

我們在完成自己的目標之時，也可以學習這一點，先了解目前局勢，再看哪一點可以利用，進而為自己製造有利的環境，這也是一個想完成大目標的人所要學習的。

有才能的人，也要懂得把握時機，便可以比他人更快成功；有智慧的人能把握先機，也只有運用謀略，才能創造出適合自己的局勢，達到顛峰之勢。

第四則

跳脫舊有的模式

《宋史》卷二五六《趙普列傳》：「事不凝滯，理貴變通。」跳脫舊有的框架，化阻礙於無形。

西元二一一年夏天，曹操吩咐徐晃帶領四千精兵偷襲潼關後路河西；而他則親自監督軍隊渡過渭水，打算和徐晃兩路夾擊，打敗馬超。但他萬萬沒有想到，此一計策竟然會失敗！

因為曹操的軍隊在渡渭水時，就被馬超的探哨發現了，探哨立刻告訴馬超這件事，當時馬超正鎮守西涼，得知此消息，他便馬上召集一萬精兵，飛速直撲黃河渡口。

而此刻，曹操還在指揮軍士們上船，心裡正想著等等要怎麼跟馬超開戰。此刻背後傳來聲響，只聽一片殺聲震天，曹操一轉頭見遠處塵土飛揚，馬超已帶將士趕到。

曹操大驚，大部分軍士尚在渡河，行動不便，根本反應不及，此時馬超已命士兵操弓搭箭，朝曹軍射去。只見飛箭如雨點向曹軍射來。曹操處於挨打之勢，他一方面奮力抵抗，一方面指揮軍士繼續渡河。

只是馬超的人馬越來越近，箭雨也越來越密，情況岌岌可危，就算曹操軍馬精良，在無力反擊的狀況下，也只能承受攻擊。

曹操的部將許褚忠心耿耿，危急之下他三步併兩步，趕到曹操跟前，硬拉著他上船。

「丞相，再不走就來不及啦！對面的大軍還等著您指揮呢！」許褚一手舉起馬鞍，當作盾牌，擋在曹操前面，另一隻手則奮力撐船向前行進，馬超士兵已經逼近河邊，狀況危急！

就在千鈞一髮之際，突然聽得一陣牛馬亂叫聲，兩邊的士兵都嚇一跳！只見一群肥牛健馬，直奔馬超的兵將之中。這些西涼士兵見了，竟忘了打仗，爭著去搶奪牛馬，頓時陣容大亂。原來這些牛馬是曹操的校尉丁斐，故意放出來阻礙敵人的。

馬超見狀，火冒三丈，無論他如何拚命喝斥也無濟於事，這些西涼兵看到牲口，先搶了再說，而曹操趁機渡過黃河，脫離險境。馬超只能望河興嘆。

丁斐的計策令人錯愕，誰會想到只是開放這些牲口就能亂了馬超的軍隊呢？戰局變化多端，任誰都不知道接下來會發生什麼事情。

人生不可能事事順遂，生活中常常出現一些意想不到的事情打亂我們的步調，讓我們心煩氣躁，離目標越來越遠，唯一能夠讓我們繼續前進的，便是保持靈活的腦袋。

凡事如果沒有按照規矩來，你就不知該如何解決嗎？一個面對新問題就束手無策的人，只會讓人覺得你沒有「解決問題」的能力，這種人很容易吃虧，畢竟意外常常降臨，而如何化解則成了我們的考驗。若是一板一眼，不懂得變通，便無法在多變的環境中找到出口。

不如跳脫舊有的模式，發揮我們的潛能與創造力。當意外來臨時，仍能保有餘力，善加應付。諸葛亮曾言：「善出奇者無窮於天地，不竭如江河。」保持靈活的腦袋，它會越用越靈活。

讓我們運用新思維，來突破眼前的難關，創造新世代吧！

第五則

看透事物的本質

當葉子出現斑點，就代表樹幹已經生病了，想要解決問題，先要探究引發問題的主因才能有效解決。

西元五三七年，東魏的丞相高歡統率大軍，準備討伐西魏，高歡在蒲坂造了三座浮橋，佯裝要渡黃河。

西魏的丞相宇文泰得知這個消息並不慌張，反而對他手下的將領說：「高歡製作浮橋，看起來是想要渡河攻打我們，但其實他最主要的用意是想讓我們在此地設防，好讓竇泰趁機西進。」竇泰是高歡底下的一名大將，目前正在小關。

宇文泰又繼續說：「高歡自從起兵以來，竇泰經常擔任先鋒，由於手下的精兵常打勝仗，此軍已變得驕傲，若是現在進行襲擊，一定能打敗他們，而打垮了竇泰，高歡自會不戰而逃。」

但將領們卻說：「放著距離我們最近的高歡不打，反而跑去打遠方的竇泰，此計如若失誤，那可就後悔莫及！倒不如分兵抵禦他們。」

宇文泰說：「高歡在第二次攻打潼關時，我們的軍隊始終沒有離開灞上，現在敵人大舉進攻，他認定我們會加強防禦，便可能輕敵而料不到我們會進攻，藉這個機會襲擊他們，難道還怕不能取勝嗎？高歡雖然搭建了浮橋，但目前還不能渡河，用不了幾天，我一定能捉住竇泰！」

經過一番爭論，諸位將領的意見仍無法統一。有人覺得宇文泰很有遠見，有人覺得他沒看到眼前的危機，雙方爭執不下。宇文泰只是笑笑，在他心中早已有了想法。

將領們繼續爭執，宇文泰則要他們先安靜下來，然後問他的侄子宇文深，針對此事有什麼想法？

宇文深想了一會，便說：「竇泰是高歡手下的一員猛將，如今我們大軍若是攻打蒲坂，高歡受敵，堅守不出，竇泰便會前來救援，那麼我們就會出現內外受敵的局面。我的想法是不如選出一支精銳部隊，先偷偷地從小關出擊。竇泰的性格急躁，必來跟我們決戰，而高歡老成持重，不會立即進行救援，這樣迅速攻擊竇泰，我們就能捉住他。捉住了竇泰，高歡的進攻自然就會受阻，這時我們再回軍襲擊高歡，便可取得決定性的勝利。」

宇文泰聽了之後，笑著說：「我也是這樣想的。」於是他對外聲稱要保住隴右地區，私下悄悄地帶領部隊從東面出兵了。

兩日後，宇文泰到達了小關，竇泰聽說敵軍抵達，急忙從風陵渡過黃河。馬牧澤從宇文泰的軍中衝出，把竇泰打得大敗，手下的士兵也盡被消滅，最後竇泰自殺，宇文泰叫人把他的頭顱送到了長安。

至於高歡則因為黃河水面的冰太薄，無法渡河趕往救援竇泰，他知道計謀已被識破，只好拆除浮橋並且撤退。西魏丞相宇文泰大獲全勝，隨即率領部隊返回長安。

人們在考慮事情時，往往就眼前的狀況而亂了陣腳，就像是母親發現孩子發燒，總急於先幫孩子退燒；事實上，發燒是身體生病的警訊，也是身體的免疫系統正在和病毒交戰，光是退燒而沒找出病源，反覆發燒退燒，只會造成誤判病症。

我們在面對問題時也是一樣，要先靜下心來，思考究竟是要解決手上「即時」的問題，還是就「根本」改善？眼前的問題或許會造成一些困擾，但就問題的主因連根拔起，才能徹底解決問題。

華佗有個小故事，有一次州官倪尋和李延都生病了，症狀一樣，華佗卻開給他們不同的藥方，就是因為華佗不是頭痛醫頭、腳痛醫腳，他是看到不同人生病的原因，才給予不同的治療方法。

我們在處理事情之時，目光也要放遠，不要被表象所迷惑，要看到問題的真正本質，才能夠徹底解決一切！

第六則

搶佔優勢才可以先聲奪人

如果局勢不利於我們，就要創造出有利於自己的環境，讓所有事情都在自己的掌控之中。

隋煬帝當政時，天下已經呈現敗跡，後來隋煬帝被殺，天下更加混亂，各地的英雄豪傑還有盜賊流寇都一起冒出頭來，他們各據一地，自封為王，並且互相攻伐，每個人都想擴大自己的勢力範圍，鞏固權力。

李密原本跟隨楊玄感舉兵反叛，結果楊玄感失敗被殺，李密逃到山東，又聚集了一些人起兵，自號為魏王。當他擊破了隋軍宇文化之後，聲威大振，大家都前來投靠他。

人一多，就出現問題，凡是人就要吃飯，而糧食不足便成了李密最大的困擾，軍士吃不飽不是離開，就是跟他抱怨，搞得李密心煩意亂。他心想：「現在這種狀況之下，如果我一口氣攻下洛陽，不但能解決糧食問題，還能振奮士氣，恢復我的聲威，一舉兩得。」

雖然李密這麼想，但當時駐守洛陽的僕射王世充也不是省油的燈。他知道李密正因缺糧，軍勢銳減，想乘機迎擊，但大多數官吏都被李密壯大的聲勢給震懾住了，不想與之為敵。

王世充深怕大家不能同心協力，他思索良久，終於想出一個方法，他暗中唆使左軍衛士張永能四處宣揚，說周公跟他託了三次夢，要他向大眾傳達旨意——令王世充出兵擊賊。結果大家信以為真，立即為周公立廟，王世充便率軍出兵征討李密。

王世充每次出兵之前，還會先到廟中祈禱，王世充更進一步與廟裡的人串通好，散布這場戰役是周公授意。有了上天的旨意、神明的加持，軍民士氣逐漸大振，大家對周公的話深信不疑，無不奮臂請戰，軍勢壯盛。

到了第二天，王世充帶兵攻討李密，李密出來應戰。李密的軍隊尚未散開，王世充的兵將已衝殺過來，雙方一下子陷入混戰。

王世充早有計謀，他事先找了一個長得和李密非常像的人，把他綁了起來，當兩軍交戰，戰況激烈時，他便將此人綁在馬背上，拖出來大喊：「抓到李密了！抓到李密了！」

混亂之中李密的軍隊哪曉得這個李密是真是假？他們見李密被擒、士氣大潰，而隋軍趁此一鼓作氣，打敗李密的軍隊，真正的李密也只好落荒而逃了。此役王世充以自己的智謀大獲全勝。

王世充稱得上是個老謀深算之人，將起事的理由歸因於「周公託夢」，再步步設營，每一步都按照既定目標進行，李密難擋其氣勢，被打敗也就在所難免。

人們往往容易被突如其來的挫折與難關所打擊，總覺得大難「即將」臨頭，自己會被這些突發事件所打敗，而感到焦慮。事實上，問題都還沒真正來到眼前，何必自己嚇自己呢？

最大的敵人，往往是自己。

真正能夠成大事的人，懂得主動爭取，為自己創造良好的環境。既然環境不適合我們，那就由我們來改變環境吧！發揮我們的才智，善用身邊的資源，一點一滴，將局勢扭轉過來，創造局面。

人不可能無緣無故成功，一個看清情勢、創造機會的人，成功機會自然比常人多得多。

第七則

有膽識的人就是強者

面對比自己強大的敵人，不能犧牲自己的原則，又要做到不卑不亢，除了智慧，還要有膽識，方能維護自己的立場。

曹丕自從成了魏王之後，便想要耍派頭，大顯威風。他派出使者出使江東，以自己頒布的諭詔宣封孫權為吳王，孫權雖感不快，但自知實力還不能和曹丕撕破臉，只能接受。

照例，臣下只要接到加封的諭詔，應當派人向王上謝恩。但要派誰去呢？這個人要有藺相如的膽識，又要有晏嬰般的才智，出使他國，才不會讓江東失了面子，孫權想了又想，決定派趙咨前去。

趙咨領令拜見魏王曹丕。曹丕想要挫挫江東的氣焰，便故意問道：「吳王是位什麼樣的君主呢？」趙咨昂然回答：「我主吳王秉承父兄大業，鎮守江東，是大智大勇仁義雄略之主。」

曹丕一聽，雖然不以為然，但仍裝出一副非常感興趣的樣子續問：「這話怎麼說？」

趙咨不疾不徐，緩緩說道：「魯肅原本只是個江東的商人，出身於平民之家，當今吳王看重他的人品、才智，讓他掌握軍政大權，這不正是知人善任嗎？呂蒙出身貧困，少年時又不認識字，但治軍有方，所以吳王仍然拜他為上將軍，這難道不是任人唯賢嗎？作戰的時候，吳王俘虜了魏將而不誅殺，這難道不仁義嗎？攻下了荊州，卻命令兵士不許傷害百姓，這難道不是明智嗎？僅此幾點，難道不是為王的雄才大略嗎？」趙咨的話，不亢不卑，說得頭頭是道，有條有理，曹丕竟無話可駁。

過了一會兒，曹丕又問：「那麼吳王有學問嗎？」趙咨說：「吳王選賢任能，胸有文采，廣讀書經，專心研究興邦濟國大計，乃一代文韜武略君主，決非紙上談兵之人。」

曹丕不肯死心，又問：「吳王這麼會任用賢人，是想對外出戰嗎？」趙咨則回答：「大國有征伐的雄兵，小國也有防禦良策。」

曹丕突然冷笑一聲，問道：「趙先生，那你倒是說說看，吳國到底怕不怕魏國？」趙咨答道：「我東吳有雄兵百萬，亦有長江作為屏障，還有豐富的糧米，又有什麼好懼怕的呢？」

曹丕無話可再問，便又同趙諮套近乎：「趙先生真是有文采，像趙先生這樣的人才，吳王府上有多少呢？」趙咨不慌不忙答道：「吳中人才濟濟，多名士，多才子，多將領。像我這樣平凡的人，不過一般。」

曹丕點頭不語，心中卻是暗暗佩服吳王派了一位有膽有識的外交使者。趙咨在敵人面前不但不卑不亢，又施展了自己善辯的才能，維護了吳國的尊嚴，不辱使命。

趙咨也好，藺相如、晏嬰也罷！面對他國君王，依舊無所畏懼，用他們的智慧、風采，不僅守護了本國的尊嚴，還讓後世的人見到他們應對的風範，足為典範。

我們面對比我們更強大的敵人，總是會心生恐懼。被恐懼籠罩的我們，就算再有才智，也難以發揮；想要堅守立場，也不得不動搖，這也是常人無法突破逆境的主要原因。

智慧不只是知識的累積，更蘊涵了無數的人生經驗；而原則則是在江湖上行走，待人處事的準則。一個人如果沒有膽識，面對強敵，是很難發揮智慧的，一遇到事情，就亂了陣腳，哪還能有所作為，堅守自己的立場呢？

膽識是建立在謀略、智慧之上，搞不清楚狀況就和對方爭論起來，只能說是膽子大，並沒有什麼大作為。膽識還包含了待人處事、合宜的應對進退以及對事物的精闢見解，是有強大的智慧做後盾的。

有膽識的人，方能在這動亂的社會中，不輕易被其他人所影響，他們不卑不亢，保持平常心。沒有什麼強、弱之分，因為他們就是強者。

走出自己的象牙塔，多看看這個世界吧！不要以管窺天，如此，不論你身到何處，面對什麼樣的人，都會有智慧去應對，而不會感到害怕。

第八則

知己知彼，百戰百勝

有智慧的人懂得分析，除了要了解對方的情況，也要明白自己的能耐，評估將損失降到最低，以獲得成功。

明朝末年，關外的女真族勢力強盛。女真的首領努爾哈赤建立後金，他率領了八旗軍，向明軍發動攻勢，特別是薩爾滸一戰，後金軍隊大獲全勝。

明軍的敗績傳到京師，朝野為之震動，各級的官員急忙收拾細軟，準備逃往南方；老百姓惶惶不安，每天睜眼就怕女真人已攻到床前，京城的大門更是未及日落就早早關閉；各級官吏此時只知埋怨推諉，卻沒人提出有力的對策，扭轉局勢。

於此同時，努爾哈赤正在厲兵秣馬，積蓄力量，準備乘勝攻取開原。

古城開原，不僅是關外的經濟交流中心，同時也是一座軍事重鎮，是明朝阻止後金南進的重要堡壘，易守難攻。攻下開原正是努爾哈赤南進的首要目標。

努爾哈赤先用計，派遣間諜潛入城中，對明軍的布防探聽得一清二楚，甚至對於軍隊內部的將官是智是庸，士兵勇怯，甚至連糧草等情況都瞭若指掌。得知明軍的狀況後，努爾哈赤便擬定了作戰計畫。

一天，努爾哈赤趁明軍牧馬之時，指揮軍隊突然攻城。攻城時，努爾哈赤兵分兩路，派了幾支部隊直奔瀋陽，沿途虛張聲勢，而主力部隊則直奔開原。

明朝守軍士兵缺糧已久，不管是人或馬匹都吃不飽，既沒人力，也沒馬力，軍隊形同虛設一擊就垮。而開原總兵馬林同蒙古兵訂有盟約，蒙古軍隊答應後金進攻開原時出兵支援，馬林有所鬆懈，疏於防備，所以當八旗軍打到開原城下，明軍根本反應不及。

只見八旗軍布好戰車、豎起雲梯，從南、北、西三面，奮勇攻城，進城之後，沿途衝殺，殺得明朝守兵紛紛潰逃。

同時八旗軍又將重兵集中進攻東門，再加上後金早派了奸細混進城內，開門內應，所以八旗軍順利奪門而入。就算開原守將鄭之范登城防禦，並向四門增兵。無奈後金軍有備而來，對明軍瞭若指掌，不久，開原就被八旗軍占領了。

努爾哈赤在這次戰鬥中，先派間諜採明情況，掌握了對方的軍情，然後出其不意，裡應外合，沒費多少力氣就占領了開原，為進一步南進創造了條件。

成功的人不會毫無準備就馬到成功，他們在面對困難和挑戰時，總會經全盤了解、評估，才會下手。

現在是什麼局面？對我有利、還是有弊？我如果在此時出擊，有沒有勝算？如果放棄又有什麼損失？下了決定，對我最大的影響是什麼？除了我之外，是否還有其他對手在覬覦這一塊？我能否面對勝利或失敗？要怎麼預防？需要考量的問題，不勝枚舉，把它們羅列下來，再找出對應的方法。問題看似繁複，但嚴謹對應就能立於不敗之地。

掌握對人事物的全盤了解，有利於我們邁向勝利，成功的因素很多，但如果少了這一塊，縱使成功唾手可得，也很容易失手。功虧一簣、百密一疏，都不是你我樂見的。因此，在做任何決定之前，除了事先評估他方狀況，更別忘了盤點自己的能耐，才不至於被突如其來的意外擊倒而一敗塗地。

第九則

創造條件，相機而作

與其被動等待機會降臨，不思進取，聰明人更懂得給自己創造機會，開拓先機。

王羲之是晉朝的大書法家，他的草書遠近馳名，一字千金。當時的人為了能求到他的墨寶，不惜重金，甚至偷竊。

有一年臨近春節，王羲之寫了一幅春聯貼在門上，結果卻不見了！他又接著寫了幾幅也都被偷走。眼看除夕夜了，王羲之賭氣寫了一副「福無雙至、禍不單行」的對聯貼在門上。到了年初一，這副對聯果然沒有被偷；於是王羲之又續寫了春聯的下半句，合起來「福無雙至昨夜至，禍不單行今日行」，大家齊聲稱讚王羲之才思敏捷。

不久，王羲之官拜右將軍。這年，琅琊郡一帶大旱，土地龜裂，莊稼歉收，窮人到處逃荒，貪官污吏卻見死不救。王羲之憤然寫了奏章，騎上快馬，進京見皇帝。

到了金殿，王羲之獻上奏章，又為皇帝奮筆疾書。只見他筆走龍蛇，飄逸瀟灑，寫到「放糧」二字時，更是行雲流水，有如蒼龍躍天，像是要從紙上躍出！

皇帝邊看邊點頭，大為讚揚：「『放糧』寫得好！真好！」話音剛落，王羲之立刻擱筆，叩頭謝恩：「吾皇萬歲，臣今領旨去琅琊放糧。」

皇帝這時才發現自己一時激動，竟然失言，但皇上說的話就是聖旨，金口玉言，覆水難收，只好答應，並封王羲之為放糧的欽差。

王羲之當天就打著「奉旨放糧」的大旗，急匆匆回到琅琊放糧賑災，災民們感激不盡，紛紛頌揚王羲之不僅是大書法家，又是為民請命的清官。

王羲之巧妙運用皇上喜愛其書法的心理，刻意在堂上揮毫時別有用心，果然皇上見了他的字，一時激動，脫口說出「放糧」二字，也因此拯救了百姓蒼生。

王羲之利用機會，將原本可能需花費許多唇舌尚不知是否能成的事，在短短時間內就迅速解決，主動為自己創造機會，實屬難能可貴。一般人在遇到問題時，往往無所適從，這時不如靜下心來，利用自己的才智去塑造機會。

「成功，總是留給準備好的人。」不僅僅是過去的準備，在整個局勢的推動上，「積極」也是成功的要素之一。成功的人不會是被動的，只有消極的人才會等候成功從天上掉下來。然而，天上落下的除了雨水，就是鳥糞，這一類的人，幾乎都沒什麼大作為。「守株待兔」不過是一時僥倖，終究不是正道，做事不能只靠運氣。積極的人會比其他人更快一步發現希望，然後拓展機會，將成功手到擒來。

第十則

從生活中汲取學問

淵博的知識，一方面來自前人的經驗累積，另一方面則是出於對生活的敏銳觀察，兩者同等重要。

唐太宗李世民有個女兒，名叫文成公主。文成公主才貌雙全，名揚天下，慕名而來求親的各國君主絡繹不絕。

唐太宗也很想為心愛的女兒招得一門好姻緣，不論是對女兒的終身幸福，還是大唐外交都有好處。只是，該怎麼做才能為文成公主覓得一門好親家呢？他思考良久，最後決定讓各國派來求婚的使臣們比賽，誰能解出他所提的難題，就把文成公主許配給他們的主公。

唐太宗讓人把所有的使臣找了過來，再另外派人牽出一百匹小馬及一百匹母馬，並要求使臣指出哪匹小馬是哪匹母馬生的。

這時，印度、波斯等許多國家的使臣，都認為這個問題很容易解決，自然是白色的母馬生白色的小馬、黑色的母馬生出黑色的小馬、花色的母馬生花色的小馬。

結果自然大錯特錯，唐太宗搖了搖頭，這時，西藏王松贊干布所派來的使者祿東贊，不慌不忙地指揮人把母馬和小馬都分開，關在不同的馬廄，隔了一天，再把母馬一匹匹放出來。被分隔了一夜的母馬，這時直撲小馬面前，而小馬見自己的媽媽來了，則親熱地搖頭擺尾，撲上前去吃奶。

就這樣，祿東贊把母馬一匹一匹地放出來找小馬，很快就把一百對母子馬區分出來了。

唐太宗覺得很滿意，但事情還沒有結束，他又出了一道難題，指著一根光滑如同長笛的檀木棍子，讓諸位使者分辨哪一頭是樹的根部，哪一頭是樹的尾部？諸位使者看著這根兩頭一樣粗細的棍子，不知如何分別。

祿東贊沉思了一下，馬上有了方法！只見他用一根繩子，拴在木棍的中間，又把木棍放到水裡，這時候木棍就會因為重量的關係，一面下沉，一面往上翹。

祿東贊指著木棍向下沉的一頭說：「這一頭是根部。」又指著木棍向上浮的一頭說：「這一頭是樹梢。」太宗連連點頭，旁人也嘖嘖稱奇，各國使者更是佩服祿東贊的智慧！

太宗再出第三個難題，他命人拿出一顆圓潤光滑的玉石，它的形狀很像一顆大珠子，珠子中間則有一個九曲小孔，太宗要他們用紅絲絨線，把珠子穿起來。

只見使者們一個個你看我、我看你，紛紛搖頭，不敢接下這個任務。唐太宗則期待地看著祿東贊。

祿東贊不慌不忙，派人捉了一隻螞蟻，再用紅絲絨線把螞蟻拴住後，把螞蟻從珠子這端小孔內放進去，然後輕輕地向裡吹氣，推動螞蟻向前進。又把珠子另外一頭的孔眼放些蜜糖。

那隻螞蟻扭動著靈巧的身軀，努力向珠子裡爬去，唐太宗和眾使臣都緊張地盯著珠子，不一會兒，那隻螞蟻終於帶著紅絲絨線，從珠子另一端小孔爬出來了。

唐太宗見這三道難題全被祿東贊順利解開了，很高興地說：「一個使臣都這麼聰明能幹，你們的藏王松贊干布一定英明果斷。你回去之後，就讓你們大王來迎親吧！」從此，中國歷史上就有了文成公主嫁到西藏的一段佳話。

祿東贊十分具有智慧，但仔細觀察，他的智慧，無一不是從生活經驗中累積出來的。

世事洞明皆學問，萬物之間，無論形體或大或小都自有道理。有些看起來平凡的生活經驗，卻為人解決了奧妙的問題。

唐太宗出的這些題目，打開書本也找不到答案，這些智慧都是從生活中領悟而來。有些人拿著書，便覺得自己專業，但若車子拋錨了，最專業的還是修車廠的師傅技工；跳電時，最專業的還是水電工。這些生活經驗的專家才是最難能可貴的，即使是大學教授，在這些領域面前，也要甘敗下風。

這不是叫你不要讀書，而是除了讀書之外，更不可忘了我們的實際生活經驗，親自去接觸感受，並在平時多觀察，從生活中累積智慧，才能拓展我們的格局。

第十一則

善於分析的能力

抓住事情的發展特點，便能成功預測事情的發生走向，即使遠在千里，也能一手掌握訊息變化。

明穆宗隆慶年間，貴州發生了大規模的械鬥。起因是彝族的土司安國亨受人挑撥而誤殺同宗族人安信，而安信的哥哥安智為了替弟弟報仇，便起兵攻擊安國亨。雙方聚眾仇殺，死了很多人，這場仇殺長達十年。

當時的巡撫王諍想要派兵鎮壓，屢次都沒有成功，他便報告朝廷，說安國亨起兵叛亂，明穆宗派新任巡撫阮文忠前往解決。

阮文忠知道宰相高拱向來足智多謀，於是去貴州上任之前，先去拜見高拱，並向他討教解決貴州亂事的方法。

高拱分析了事情經過，對阮文忠說：「現在貴州實際上只是當地人相互仇殺，跟朝廷沒什麼關係，還稱不上叛亂。只是王諍相信安智，導致安國亨心存疑慮，不服拘拿而已。這算什麼反叛？」

阮文忠向高拱請教：「那我應當怎麼處理這件事呢？」

「有些做官的人，地方出了事情，總是隱瞞不報；有些人則喜歡小題大做，把假的變成真的，將小事變成大亂子，這些都不是君子所為。你到了貴州，應當查清所有的情況，先為安國亨洗刷叛國的罪名，制止他們的仇殺，這樣他才會聽從審理，然後你再判他的罪，這才公平。」高拱回答。

阮文忠到了貴州，經過祕密訪查，事實果然盡如高拱所料，這場鬥爭不光是表面上安國亨殺了安信那麼單純。於是他做出幾項決定，像是先把挑撥是非的人找出來；再按照當地風俗，命令賠償安信等被殺的人命；再加重對安國亨的處罰，懲治他的罪行。

但是命令公布之後，安國亨看到安智仍然居住在省城，懷疑阮文忠做的這些決定，只是要設計他而已，因此仍擁兵自固，拒絕赴審，同時又上書為自己辯駁，申訴冤情。

因為械鬥已久，起因又是安國亨殺了安信，各地反對安國亨的聲浪不斷，阮文忠迫於輿論壓力，不得不奏請朝廷征剿安國亨。

高拱獲得消息，考慮到征剿並不是辦法，他雖然同意阮文忠派兵，但同時又派了吏部官員前往貴州審訊安國亨。

而安國亨聽聞吏部官員將親自審訊，反而開心地說：「朝廷派人來審我，我就有機會辯明自己的冤情了。」於是他親赴省城，願意聽審。最終阮文忠所做的判決，安國亨全部同意，並自願交出罰銀三萬五千兩，以補償自己違拗朝廷命令的罪行。

而弟弟被殺的安智，自然不滿，還在抗議，阮文忠則將在他身邊挑撥是非的小人抓起來加以制裁，安智終於知道自己雖然出兵有理，但也不完全站得住腳，終於乖乖認罪，阮文忠也因罪將他革職。

最後，朝廷沒有派兵就將一場可能因誤會引起的大動亂和平解決，而其中功不可沒的人，自然是高拱。

高拱憑藉自己的才智，準確分析事情的緣由，而能在千里之外訂定決策，解決棘手的叛亂，贏得人們的敬佩，同時也讓我們學習到他善於分析事理的能耐。

但凡有智慧之人，即使不在問題事發現場，也可以判斷出事情的走向，或阻止，或催動，正是因為他們能洞悉事物的特點，便能利用這些線索，不費吹灰之力便足以完成任務。

一個千里之外就能進行決策的人，平時定善於觀察局勢，對各地時局非常了解。早年資訊的取得，不像現在這麼發達，現在只要動動手指，就可以從手機裡一覽天下事，同時進行分析，對於事件的因果關係及影響瞭然於心，就算沒有親臨現場，也比人在現場卻莫不關心的人來得更清楚事情的來龍去脈。

我們可以學習這些古人的智慧，學習他們從容的態度，更別忘學習他們的前瞻眼光及掌控局勢的能力。

- 保持公正和道德原則：堅持公正和道德原則，不輕信流言蜚語，並努力找到事實真相。
- 主動出擊：要勇敢追求目標，不要僅僅等待機會的到來，更要不怕挑戰，積極主動地追求夢想。
- 智慧的分析和冷靜處理：面對突發情況和困難，不要束手無策，而是積極解決問題。保持冷靜和應變能力，有助於克服挑戰，實現目標。
- 分清主次，處理根本問題：宇文泰的策略是先解決竇泰，然後再應對高歡，因為竇泰是高歡的先鋒，而高歡更容易脫離戰場。這告訴我們在處理問題時，應該識別並解決根本問題，才能提供有效的解決方案，而不是只關注表面問題。
- 不要因困境而焦慮：人們往往在面對困難之前就感到焦慮，但實際上問題還沒真正到來。焦慮和自我懷疑只會削弱自信和決心。相反，應該冷靜面對困難，積極尋找解決方案，並利用自己的智慧和資源來應對挑戰。

- 掌握全盤情勢：努爾哈赤成功的一個關鍵是在面對挑戰之前，他透過派遣間諜來詳細了解敵方的軍情和城市情況，然後制定了有力的作戰計畫。這提醒我們，在面對重大決策或挑戰時，應該進行充分的評估和準備，以增加成功的機會。
- 成功需要積極行動：成功往往歸屬於那些積極行動的人。
- 溫和處事：在處理困難情況或與他人互動時，保持冷靜和禮貌是非常重要的，這有助於贏得他人的支持和尊重。
- 借助生活經驗解難題：生活中的實際體驗和觀察可以幫助我們更好地理解和解決問題，不要僅僅依賴書本知識。
- 擁有前瞻眼光和掌控局勢的能力：要有長遠的視野，不僅關注眼前的問題，還要考慮未來可能發生的情況，以制定更有效的策略和計畫。

第六章

有想法才能有作為

第一則

思考不能單行道

單向思考如果行不通的話，不妨試著逆向思考，換個角度有時會有意想不到的效果。

孫臏從魏國到了齊國，齊威王十分高興。他早就從元帥田忌那裡聽說，孫臏不僅精通兵法，還有智有謀，是個難得的人才。齊威王還沒有親自領教過，但他很想找機會試一試。

有一天，齊威王由元帥田忌和幾個大臣陪同，與孫臏一塊來到一個山腳下。突然，齊威王對周圍的人說：「你們誰有辦法讓我自己走到這座小山頂上去？」由於這道考題出得未免太奇怪，大家端詳了一下小山，你看看我，我看看你，誰也想不出什麼好辦法。

過了一會兒，元帥田忌說：「現正葉落草黃，在周圍點起一把大火，陛下就自然得往山上走了。」

「這是用火攻。」齊威王說，「也是一個辦法，不過太笨了點。」

「再則就是用水淹。」一個大臣這麼說。齊威王搖了搖頭，沒作聲。

「要引外國軍隊打進來，包圍這座山，不怕陛下不上山去。」一個大臣心裡這樣想，不過沒敢說出口。大家想來想去，都說實在沒有什麼好辦法能讓陛下自己走上山。

這時，齊威王問孫臏：「你有什麼辦法能讓我走上山嗎？」

一直沒出聲的孫臏，露出十分為難的表情說：「陛下，我沒辦法讓你從山腳下走到山頂上去。可是，你要是在山頂上，我倒是有辦法讓你自己走下來。」

「真的？」

孫臏點了點頭，於是齊威王由元帥、大臣們簇擁著往山頂走去。齊威王到了山頂，孫臏則開口：「陛下，請饒恕我的冒昧，我已經讓您自己從山腳下走到山頂了。」

齊威王一愣，很快地反應過來，並且大笑，這時他更加佩服孫臏的智慧了。

許多人在遇到問題時，都一心思考問題怎麼解決。動腦筋固然是好事，但也要有效果，一味的循著舊法是無法應付這多變的世界的。

我們遇到問題時，不如轉個彎，也許問題就迎刃而解。思考模式不能一成不變，否則只會讓自己陷入窠臼。像孫臏不過運用了一點智謀，便順利贏得了每個人的敬佩以及齊威王的賞識。

保持靈活的腦袋，不讓自己的思維陷入僵化，多看、多聽、多學習，便能刺激自己萌生不同的想法，我們在面對問題時，試著從不同的角度切入，相信必能獲得不同的收穫。

第二則

臨危不亂，急中生智

很多困難是無法預見的，臨場靠的是隨機應變的能力。面對突如其來的麻煩，保持冷靜最重要。

西元一八六二年初冬，反清將領石達開率領太平軍與清軍展開一次激烈的戰鬥。清軍勢如破竹，攻勢兇猛，太平軍抵擋不住，節節敗退下來。

在清軍的追擊下，石達開率領兵隊，來到了四川，又被清軍逼向狹窄的斜坡，石達開見四處已無退路，即使如此，石達開仍決定在此斜坡與清軍進行一場殊死戰。

他見清軍在斜坡下，還有一段距離，便命令將士們撿拾路旁的石頭、木樁，從高處往下砸。此次還擊，將清軍砸死了很多，破頭的、斷了手臂腿腳的，在路邊嚎叫不止。

清軍部將見狀怒火中燒，很快地他們利用毛氈覆蓋著車輛，在拉兵車的馬尾巴上綁了鞭炮並且點燃。爆竹震天，戰馬受到驚嚇，飛也似地向前猛衝，以車馬為先鋒，清軍跟在後面，而太平軍被馬蹄踐踏、車輛輾壓致死者不計其數。

太平軍仍頑強抵抗著，只是手邊可以利用的東西越來越少了，像是石頭、木樁已無處可尋，太平軍隊陷入了恐慌。

在這緊要關頭，石達開眼前一亮，他發現了一片片乾枯的茅草，像見了救星般，高喊：「趕快把茅草割下來，裝進空的糧車裡！」眾將士聽命行動，他們割的割、拔的拔，不一會兒幾十輛空糧車就裝了高高的茅草。

望著山牆一樣的車輛，石達開向天長嘆道：「真是天助我也！」這時，石達開望見戰車再度上來，便命人焚燒那些裝著枯草的車。清軍的戰車追到時，那枯草已經蔓延燃燒了起來！霎時間，濃煙密布，火光衝天。清軍被嗆得大咳不止，眼睛根本睜不開。

石達開率兵來到另一塊有利的地勢，指揮部隊，展開絕地反攻，一邊奮力拚殺，一邊命令全軍高聲吶喊，以振軍威。這麼一來，清軍頓時亂了套，在黑煙瀰漫中，他們無法辨別出士兵的身分。慌成一團的清兵竟自相殘殺起來！

直到煙霧漸漸散去，他們才弄清了真相，發現打的都是自己人，而石達開軍隊已不見蹤影了。

就這樣，石達開挽救了自己和軍隊，改變了戰場局勢，在自己處於不利之處仍及時給予清兵狠狠一擊。

當局勢不利於自己時，別輕言放棄，只要堅持就有希望，而這希望也是靠自己爭取而來。就像石達開雖然遭到清軍攻擊，仍以清明的眼光，為自己與軍隊謀得一線生機，急中生智，靠得也是冷靜一途。

唯有冷靜，才能在劣勢時看清真正的大局，天無絕人之路，有時候這條路可能被慌亂蒙蔽，反而斷了生機。不要忘記，當問題越困難，越要冷靜，別讓我們的智慧被情緒所擾亂，必能突破難關。

第三則

擁有正確的智慧

投機取巧只不過是小聰明而已，非但不能處理好事情，有時還會適得其反。

宋朝的尚書李南公，在他還是長沙縣令時，曾經解決一樁難事。有一天，有兩個漢子前來告狀，而且還是互告。李南公見某甲高大壯碩，某乙卻瘦弱憔悴一派病態。

李南公問：「你們為何互告？」

某甲說：「某乙把我打得遍體鱗傷，請老爺明斷。」

某乙則氣憤地辯訴：「明明是他打我，不信可以我身上的傷為證。」兩人爭執不下，互相指責。

李南公喝道：「來人，將他倆衣服脫下，待本官驗傷定奪！」幾名衙役上前脫下兩人的衣服，見他們的胳臂、胸口等處又青又紫，傷痕累累，看來這一架打得還不輕。

李南公心中生疑，這兩人打架，從身形與體力上看來，甲強乙弱，而且體魄懸殊太大，吃虧的肯定是某乙。可為什麼某甲身上居然也會受此重傷呢？於是他問某乙：「你練過武功嗎？」某乙垂淚回答：「小人從未練過武功。倘若有功夫在身，今日豈會遭他如此欺凌？」

李南公忽然想起什麼，便上前捏捏他們的傷處，這一摸，便心裡有數了。正色道：「某乙的傷是真傷，某甲的傷是假傷。」

甲不服，經審訊，果然如此。原來，某甲和某乙一向不和，為了洩憤，某甲預先採集了一些欅柳的樹葉，再用樹葉的汁液，塗抹在自己的胸口以及手臂上，皮膚一下子就出現如同被毆打的傷痕。然後，他又把剝下的樹皮平放在皮膚上用火熱熨，身上便出現了有如棒傷的痕跡。

某甲以為他的假傷設計得天衣無縫，便計誘某乙出門，把他拉到偏僻的地方，再飽以一頓拳打腳踢，把某乙打得遍體鱗傷。

某乙不甘被打，就拉著他，鬧上公堂，某甲也不害怕，認為自己身上的假傷足以亂真，於是便出現這一幕鬧劇。

但李南公並沒有被某甲唬過，他把所有狀況都查清之後，李南公就命人將某甲打了一百大板，並要他給某乙二十兩銀子作為賠償。

案情清楚了，不過衙役們始終不懂李南公何以察覺某甲的傷勢有假？眾人都說看不出來。

李南公笑著說：「被毆打的傷痕，會因為血液的凝聚而變得堅硬，而偽造的傷痕卻是柔軟平坦，只要一摸便知。他妄想用櫸柳樹葉塗擦皮膚，又如何騙得了本官呢？」

智慧是拿來解決問題，不是製造問題的，聰明的人所展現的才智，是擁有理性的思維以及判斷力，使你在同樣出色的人當中有鶴立雞群之感。

擁有智慧的人，還要有一顆善良正義的心。聰明的人比比皆是，若再加上仁者之心，博愛世人，是為大眾謀福利，方能使社會邁向更好的境地。

至於把聰明才智利用在做壞事、投機取巧上，可就辜負了上天賜予的腦袋，這種小聰明往往會給自己帶來麻煩。好好運用我們的腦袋，將才智施展在正確的途徑，才不致糟蹋你的聰明才智。

第四則

聽取多方的建議

一個思維縝密的人，必定對自身專業領域的事情一清二楚，分析透徹。只有把自己的業務始終地放在心上，才能獲得事業上的進步。

齊威王即位不久，即拜鄒忌為相。鄒忌也不負眾望，矢志改革，精心治國。齊威王更是秉公任賢，對各級政務都親自過問，對屬下以及各級官吏的政績認真考察，做到賢者任用，庸者辭退，惡者懲罰，決不姑息遷就。

有一次，鄒忌聽說即墨大夫受到詆毀，而東阿大夫受到讚譽。鄒忌便把這件事秉告了齊威王。

齊威王查問左右的人，聽他們的說法和鄒忌所反映的有沒有什麼不同；他又派人前往進一步調查，想搞清楚事情的真相。

齊威王認為評定下屬的好壞，主要看下屬的政績如何，而不能聽信偏言。等到一切都調查清楚，齊威王便把即墨大夫以及東阿大夫召來朝廷，並召集群臣參加。

齊威王對即墨大夫說：「自從你當了即墨大夫之後，時間不長，詆毀你的言論便一個接一個，把你說得一無是處，還說不該再繼續讓你擔任。於是，我派人到你領地一看，發現你所管轄的地區，荒野得到開墾，人民生活富庶，官吏忠於職守，人人盡職盡責，地方得以安寧，人人安居樂業。你一心埋頭治理政務，沒空來向我稟報，也未買通我身邊的人，因而得到的不是讚美而是誹謗。但我查明你是一位忠於職守、治理有方、辦事賢明的地方官，對你出色的政績，我將給予適當的表揚。」於是對即墨大夫授封土地萬頃、金銀匹緞一車。

齊威王接著又把東阿大夫叫到跟前，嚴厲地對他說：「自從你上任之後，我聽到的盡是說你如何如何好，如何會治理政務，沒有聽到說你不好的。但是當我派人到你管轄的地區查看，才發現你所治理的地方，田野依然荒蕪，百姓吃不飽、冬天也穿不暖，民不聊生。以前，趙國的軍隊開到你那裡，面臨異國的侵略，你不能有效地進行抵抗。只會用金銀財寶收買我身邊的人，讓這些人為你說好話，想博取我的好感。由於你為政不廉、治理無方，只會拉攏關係。現在，我要對你進行懲罰，以示公平。」語畢，喝令武士把東阿大夫和為他說好話的人一同拉出去斬了。

部屬們看到齊威王辦事秉公，處理事情果斷，任人唯賢唯能，不接受阿諛奉承，個個心悅誠服，人人竭盡全力為國家效勞，不敢有半點鬆懈，也不敢再欺上瞞下，使齊國逐步強大起來。

一個國君，如果不能正確處理國家事務，不能秉公辦事，聽信偏言，任人唯親，國家就會日益衰敗。反之，則日益強盛。

在現實生活中也一樣，一個人除了要聽取多方的建議，集思廣益，還要親自去了解真相，才能進步。在這個利益掛帥的社會，我們得要剝開層層迷障，才能知道誰是真正用心認真辦事的人，個人如此、國家如此、社會亦如此。

盡信不如無信，我們對於所聽到的，還要透過腦袋去判斷，要有第三方公正的人來評斷，才能確知事情的真相。

想做大事的人，不能只憑聽聞一面之詞，最重要的是要以公平的眼光去看待一切。

第五則

奇思妙想，巧取勝

智慧將決定人類的發展空間，有時一個獨創的想法，也可能帶來難以估計的收益。

西元七五七年，時值冬天，太原的河東節度使李光弼派兵支援朔方，抵擋安祿山大軍。然而，他剛把軍隊派出去不久，史思明便率領十萬大軍圍困太原城，要李光弼投降。

史思明是安祿山手下的一員主將，他知道太原城內雖然沒有多少兵力，但城池固若金湯，易守難攻，更何況天寒地凍，士兵若長期露宿城外，也對作戰不利。

於是史思明決定築一座土山，通過土山登上太原城。李光弼見對方在離城不遠、弓箭手射程又達不到的距離建築土山，擔憂城池的安全受到很大威脅。於是，他想了一條妙計，讓手下的人從城內挖了一條通往土山的祕密地道。

土山築成後，史思明在土山上飲酒作樂，觀看歌舞，命人向城上大喊大叫，讓李光弼也「觀賞」歌舞開眼界，故意示威。這時，李光弼派來的人，不知道從哪裡冒出來，以迅雷不及掩耳的速度抓走好幾名正在載歌載舞的表演者，然後瞬間消失。史思明大吃一驚，不敢再在土山上停留，急忙令眾人移師到軍營內，召集部下商量對策。

而李光弼這頭還沒結束呢！他又延著土山的地道繼續挖下去，一直將地道挖到史思明的軍營內，並加設木柱支撐地道，防止塌陷，然後設下活動機關以備應用。

待一切安排就緒，李光弼才派人傳訊史思明說：「太原城內現在糧草非常缺乏，很多士兵都生病了，城內實在支持不住，因此我軍定向你們投降。」史思明聽了大喜，他稱讚李光弼識時務，並答應他一旦投降，會封官賞賜。

等到李光弼答應投降的那天，太原城門大開，只見李光弼帶著人馬離開太原城。史思明便命將士將營門打開，列陣以待，自己則端坐大營內，等著受降。

這時，李光弼一聲令下，命令將士們啟動地道內的機關，將支撐坑道的木柱歪倒。剎時間，史思明軍營內地面塌陷，一下子陷進去千餘軍士。李光弼親自指揮軍隊殺進史思明軍營。

史思明被打了個措手不及，部將死傷慘重，他只得帶著被打敗的部下，從死傷兵士中衝出逃命去。

李光弼知道若是硬碰硬，他們絕對沒有勝算，於是利用巧計，為自己製造良機，同時耐住性子和史思明周旋，最後終於獲得勝利。

人類的智慧是無窮的，只要願意動腦，凡事都能將不可能化為可能。面對難題時，與其怨天尤人，不如好好想想是不是過去所使用的方法不適用於本次局勢？

每個時代都需要創意，想要改變現狀，就得靠靈活的腦袋，方能讓我們從循規蹈矩的舊有習慣中，開拓新氣象，平常多看書，多吸收新知，方能為我們的腦袋注入新養分，也能為我們一成不變的生活帶來嶄新的風貌。

第六則

穩定自己的情緒

人難免有情緒，但面對問題時，不能讓情緒左右我們，面對難題務必讓自己的心沉澱，思緒清明才能解決難題。

西元七五六年，正是「安史之亂」的第二年。唐朝皇帝每日都在宮中享樂，根本沒把安祿山放在眼裡，只派常勝將軍哥舒翰率領二十萬大軍前去殺退安祿山。

哥舒翰是一員老將，身經百戰，鎮守潼關。他見安祿山猖狂不可一世，決定先防守壁壘，以消耗其兵力。而安祿山和哥舒翰兵力相去不遠，但個個如狼似虎，殺氣騰騰，他們急於攻下兵家要塞潼關，好長驅直入殺進長安。

然而，哥舒翰堅不出戰，硬是要和安祿山消磨時間，這一點可急壞安祿山了。他深知這員老將不好對付，於是派了奸細，潛入長安城，到處散布謠言說哥舒翰膽小怕死，不敢出戰，而安祿山如今只剩老弱殘兵，不堪一擊。

這個消息很快就傳到唐明皇的耳中，他大為震怒，命楊國忠去探查軍情。楊國忠本就是個大奸臣，他去了潼關一看，發現哥舒翰拒不出兵，而安祿山陣前又都是老弱殘兵。他急忙回朝，還添油加醋說了哥舒翰許多壞話。唐明皇馬上下令，命哥舒翰即刻出兵殺退安祿山。

君命難違，這回哥舒翰只得親自披掛上陣。安祿山派崔乾佑帶老兵出戰，戰了幾十個回合，崔乾佑大敗，退回營地。哥舒翰帶兵追殺，不知不覺就追進了山谷。這時，安祿山埋伏的精兵殺出，哥舒翰等人無法撤退，只好迎戰。此刻山谷兩旁又滾下無數的擂木山石把唐軍砸傷。

哥舒翰下令突圍，但安祿山的軍隊前後夾擊，唐軍只能處於挨打狀態無法反擊。等到天黑，突然四邊火起，唐軍在山谷中自相踐踏，死傷不計其數。

此刻，安祿山親自率領大軍出擊，兵分兩路，一路阻截唐軍，一路則奔赴唐軍營寨廝殺。主將不在的唐軍營寨，群龍無首，所餘將士如何能抵抗安祿山的虎狼大軍？剎時間，兵敗如山倒，唐軍紛紛丟盔棄甲，有的摔進黃河，有的摔死山谷。山谷內被阻截的唐軍，最後只剩下數百人拚死血戰，寡不敵眾，最後全軍覆沒，哥舒翰也重傷被俘。

潼關一戰，使安祿山叛軍取得了決定性的勝利。唐明皇倉皇出京，出逃蜀地避難。

安祿山軍力日盛，又善於做表面文章，連皇帝寵臣都聽信於他，唐明皇如果能明辨是非，遠離小人，穩定軍心，唐軍又怎會節節敗退呢?唐明皇最大的敗筆，便是他不夠沉穩，一聽人說哥舒翰不肯出兵，立刻亂了陣腳，結果不只壞了哥舒翰的計畫，還連累到大唐江山。

人有七情六慾，遇事產生不同感受在所難免，但即使心頭慌亂，腦袋仍要冷靜，慌亂無益，唯有保持冷靜才能還你一個清明的腦袋。遇到事情時，先沉穩下來，才有能耐思索問題解方。

如果能提前布局，打通各路關卡，將使計畫實施得更加順利。而情緒一亂，往往影響思考，於事無補，當下最重要的是莫因情緒干擾而隨之起舞。

方法，是思考而來，智慧於焉而出!試著壓抑胸中過激的情緒，讓清明的思考帶領我們突破難關吧!

第七則

締結同盟，創造力量

在多方對立勢力並存的情況下，必須找到自己的盟友，才不致令自己陷入孤立無援之境。

西元七五六年，安祿山反唐，大幅肆虐華北，顏真卿舉兵迎擊，將義軍隊伍集中起來，正準備練兵時，清河郡派了李萼前來借兵。李萼對顏真卿說：「如果您能夠把兵力借給清河郡，如此一來，平原、清河二郡，都將是您的心腹，周圍的州郡也都會聽從您的指揮。」

顏真卿思索了一會兒，答道：「平原郡的士兵是最近才集結的，還沒經過訓練，恐怕不太適合。」

「清河郡派我來向您借兵，並非因兵力不足，而是想看看您是否深明大義、是個有能之人；然而您現無借兵之意，我又怎麼敢隨隨便便說出下一步計畫呢？」李萼意味深長的說。

顏真卿覺得李萼的來意並不簡單，便打算將兵力借給他。但其他人都認為李萼過於年輕，再者將兵力借給清河郡，又會分散義軍的兵力，對自己沒有保障，顏真卿最終只好拒絕李萼。

李萼很有誠意，又再次寫了一封信給顏真卿，幫他分析：「現在清河郡已經脫離叛軍的控制，歸順朝廷，也願意奉獻糧食、布帛和武器來資助官軍，您不但拒絕接受，而且還心存懷疑？您當慎思啊！清何郡無法孤立，必定要有所依靠，我回去覆命說您不肯借兵後，如果投向叛軍，就會成為您西面的強敵，您不後悔嗎？」

顏真卿認為李萼說得有理，對大局也很了解，便決定借他六千兵卒，並將他送到邊境，兩人握手而別。臨行前，顏真卿又問：「所借給的兵已經出發，你可以告訴我你下一步的計畫嗎？」

李萼笑著說：「聽說朝廷派了十萬大軍討伐叛軍，而叛軍占據了險要之地，我的目的是讓叛軍無法前進。現在首先要做的是率兵攻打魏郡，抓住安祿山所任命的太守袁知泰，恢復原太守司馬垂的職位，讓他做主將，再分兵打開崞口，使朝廷派來的十萬大軍得以出來，共同討伐汲郡、鄴郡以北，一直到幽陵我方未攻下的郡縣。而平原、清河二郡的兵力與其他同盟郡兵，合起來也有十萬兵力，估計官軍向東討伐的軍隊不會少於二十萬，河南地區忠於朝廷的義兵則不少於十萬。這時只要向南進逼孟津，然後分兵沿著黃河占領戰略要地，控制叛軍往北邊的退路。您只要上表朝廷請求東征的軍隊堅守不出戰，用不了一個月，叛軍必然會發生內亂而互相攻擊。」

顏真卿聽他分析得很有道理，表示認同。後來，袁知泰被官軍打敗，逃往汲郡，官軍攻克魏郡，軍威大振，李蕚的計謀功不可沒。

在整件事上，李蕚雖處劣勢，但他善於分析雙方情勢，並且軟硬兼施，說服顏真卿與之聯合作戰，才能保全自己並且壯大勢力。

我們也是一樣，所謂孤掌難鳴，遇到事情，如果只有一個人是很難做出一番事業的。工作上如此、創業亦是如此，同盟永遠比單打獨鬥來得有效率，。

善用同盟的力量，除了讓自己壯大起來，雙方也能夠互相幫助，對彼此都有利，這也證明了團結力量大。

第八則

化劣勢為優勢

優勢或劣勢只是主觀性的比較，孰強孰弱不是絕對的重點，如何利用情勢才是關鍵。

西元九三八年，南漢王劉龑派他的兒子劉弘操為先鋒，率領三百戰船前去幫助交州守將皎公羨。原來，皎公羨暗殺了安南節度使楊廷光，篡奪了他的官職，引起了楊廷光舊屬的不滿，交州軍中摩擦不斷。後來，楊廷光的舊將吳權正式起兵攻打皎公羨，兩軍展開了激戰。

由於皎公羨平時對士兵十分刻薄，不堪壓迫的士兵，紛紛投降吳權。皎公羨只得用重金賄賂南漢王劉龑，請求他派兵搭救。至於劉龑對交州早存有覬覦之心，只是苦於沒有藉口。現在有了這個機會，豈肯放過？於是急忙派劉弘操作為先鋒，名正言順向交州出兵，自己則統率大軍殿後。

崇文使蕭益得知後，滿懷憂心，他向南漢王進諫：「王爺，我軍倉促行事，是否有欠周全？海道非比陸路，路遙風險難料，而且吳權又素以狡詐聞名，我軍萬不可冒險輕敵。大軍出動，還是多用嚮導，然後進軍為上。」

「現在顧不得這些了，別再多言。」南漢王皺皺眉頭，不讓蕭益說下去。他決心已定了。

不久，劉弘操帶領先鋒船隊趕到交州海灣入口處巧遇吳權軍隊的幾艘小船，正朝前方駛過來向南漢軍挑戰。劉弘操命令各船全速前進。

而吳權軍隊的小船，見南漢軍的大批船隊開進交州，轉調船頭便要逃跑。南漢軍緊緊追趕，企圖將他們一舉殲滅。由於南漢軍對地形不熟，當他們深入交州海灣時，海水便開始退潮。只見吳權軍的小船輕巧，了解地形，他們划了幾下，便不見蹤跡了，而南漢軍的戰船行動不便，就在他們想調轉船頭時，突然船底觸及硬物，發出「嘎嘎」的聲響，全部動彈不得了。

南漢軍隊正在發急時，吳權軍又突然出現了！他們在這裡守候許久，為的就是等南漢軍中計，再來個甕中捉鱉。

一時間，喊殺聲四起，南漢的戰船面對吳權軍的強大攻勢，再加上船隻無法動彈，只能處於挨打的份，士兵多半落水淹死，連先鋒劉弘操也落入水中被打死了。

原來，吳權早就得知南漢軍要來進攻，便利用海水漲潮退潮的規律，在海灣設下了鐵尖木樁陣，再用小船引誘敵軍進入，一舉打敗了南漢軍。

以兵力來看，如是兩軍正面交戰，吳權不一定有機會打贏，然而他卻巧妙的利用地理環境，設下陷阱，讓劉弘操吃了大敗仗。

由此可見，面對人們來不及準備的突發狀況，主動出擊反而能爭取一個較好的結果。所謂的優勢、劣勢，也沒有絕對，單看個人怎麼想而已。就像打牌，有人獲得一手好牌，也有人拿到爛牌，但這不代表絕對的輸贏，玩牌還包括了技巧、手法以及心理因素，就看怎麼運用罷了。

南漢軍以為靠著大批水軍，就可以攻破吳權軍，卻不敵善用環境取得對自己有利情勢的吳權軍敗下陣來，這證明了儘管面對的是看似比我們更強大的敵人，只要善用智慧，自可求得一線生機。

機會屬於勇於爭取的人，即使客觀條件無法改變，仍能透過我們的努力，塑造有利於己的情勢，適時把握機會再奮力一搏，便可成功。

第九則

善動腦，妙計出

「流水不腐，戶樞不蠹。」多動腦筋，不僅可以學到更多知識，還能鍛鍊自己的想像思維。

明代的文學家、書畫家徐渭，字文長，山陰人，民間流傳著很多他的機智故事。即使是他小時候，也有不少令人喝采的小故事。

一天清早，年方不到十歲的徐文長準備去私塾讀書，當他走到村外，來到石橋，望見橋墩有好多人圍觀，還聽得到在河道裡的爭吵聲，徐文長知道有熱鬧可看，便快步朝石橋奔去。

他擠進人群，站到橋墩邊，聽見吵罵聲：「前面的船快讓道，我們要趕路！」「我過不了橋洞。」最前面的船主喊著。

「把稻草搬掉幾層嘛！」

「搬上河岸，過了橋又要搬上船，這樣要耽擱多少工夫啊！」裝稻草的船主不肯讓步。

「誰叫你裝這麼多？你曉得耽擱自己的工夫，就不怕耽擱旁人的工夫？」

徐文長這時明白了，原來有艘小船過不了橋，擋到了河道。只見那擋道的小船船身滿載稻草，恰好高出橋洞約有半尺光景，絕對過不了橋。而後面大大小小的船隻，已經排了好長的隊伍，船老大們個個高聲叫罵，不絕於耳。

岸上的人見這樣下去總不是辦法，於是有幾個好心的青年自告奮勇地對稻草船的主人說：「你不要怕麻煩，我們都來幫你搬就是了。」這下船主也不好再硬撐，只得同意他們搬草。

當船主剛剛搬了兩綑稻草，準備甩給岸邊的青年時，徐文長大聲呼叫：「不用搬，不用搬，我有辦法！我看你這船身也高，只要往船艙裡舀水，船重了，吃水就深，稻草頂就會低於橋頂了嘛！」眾人異口同聲說：「好辦法，好辦法。」

稻草主人急忙照著徐文長的辦法去做，果然很快順利通過橋洞。阻礙消除了，後面一長串大小船隻，也迅速過了橋洞。鄰里們對徐文長的聰穎敏捷，又敬又佩，都想來摸摸他的頭，而徐文長則蹦蹦跳跳上學去了。

又有一天，徐文長的伯父把兩桶小木桶裝滿水，領著徐文長以及一群孩子走到一座又矮又小的竹橋邊，對大家說：「誰能把這兩桶水提過橋，我就送他一包禮物。」邊說還邊用眼睛望著徐文長。

徐文長心裡明白，伯父表面上說是考大家，其實是要考自己。因為竹橋橋身很軟，又有彈性且貼近水面，人一走上去，橋身就會彎下去碰到水面。要是一手提一個水桶走過橋，水不潑翻才怪！好久好久，小朋友沒有一個吭聲的。

徐文長說：「那我來試試吧！」說著，他脫去鞋子，用兩根繩子繫著小桶，將小桶置入竹橋旁邊的水裡，便走上竹橋，拖著小桶毫不費力地過了橋。

小朋友們看到之後，齊聲喝彩，伯父也暗暗叫好，不過事情還沒結束呢！伯父又想出一個主意，說：「文長啊，我說話要算數，喏，這包禮物你來拿吧！」徐文長一看，只見伯父將那包禮物吊在一根長長的竹竿梢上，雖然覺得奇怪，不過還是笑嘻嘻地走上前去。

等徐文長走到伯父面前，伯父突然叫了一聲：「等一下！你想要拿禮物，必須遵守兩個條件：第一，不能把竹竿橫躺下來；第二，不能墊凳子站高去拿。」小朋友們頓時埋怨：「伯伯存心刁難人嘛！」

徐文長並沒有說話，只見那對烏溜溜的眼珠子轉了轉，不一會兒，露出燦爛的微笑：「我知道了，我一定會遵守伯父的條件。」說著，他就接過竹竿，舉著它走到一口水井旁邊，再把竹竿慢慢從井口放下去。

當竹竿梢放到和他齊身時，便伸手從竹竿梢上解下那包禮物，小朋友們和徐文長的伯父禁不住都高聲誇讚。

大腦是要動的，越去動它、刺激它，它才會越轉越快、越轉越順暢。有些人因為生活安逸，沒有危機意識，就習慣不動腦，那大腦就如一灘死水，無法快速而有效的運作。

多多訓練我們的大腦，它除了讓我們的判斷力、想像力、創造力與時俱進，面對大大小小的問題，都可以迎刃而解，而且多動腦，不只是為了解決問題，還可以預防年老失智呢！

第十則

巧妙利用心理學

當心理的底線一旦崩潰，往往會不戰而退。因此心理學也是我們人際關係上，不可不知的一環。

明朝時為了加強軍備，朝廷命令各地的州縣要定期貢馬，為了鞏固國防，這個想法是不錯，但也造成地方上的一些困擾。

若是本來就產馬的州縣，供奉馬匹不是問題，但有些州縣不產馬，官吏又不能違背朝廷的命令，就得去外地購買。因此產生了一種現象，市場上出現了專門賣馬的馬販，每到上繳貢馬的期限之前，就會帶著馬匹到各州縣去販賣。

但歷年以來，上頭對上繳貢馬的期限定得很緊，而這群馬販便藉機抬價敲詐。再者，朝廷還規定馬不能太矮小，那些為了巴結上司的州官、縣官，便千方百計求購高頭大馬，馬販抓準這個心態，拚命在馬的個頭上做文章，每高出一寸，往往要價就要多十到二十兩銀子。而這些購馬的銀兩，最終都轉嫁到老百姓身上，所以那些不產馬的州縣官吏對於貢馬一事叫苦連天，老百姓更是苦不堪言。

像是開州便不產馬，而州官陳霽岩是個愛民廉政的清官，對於貢馬一事早已有所不滿，但自己只是個小小州官，哪有回天之力？所以他到任之後，只好在壓馬價、減輕百姓負擔上做文章。很快的，上繳貢馬的限期快到了。

不少馬販子已經趕著馬來到開州，等著像往年一樣，狠狠賺一筆。哪知陳霽岩下令，要購馬官吏不要急於購買，這可把購馬官吏搞得一頭霧水，也不敢違令。

來到開州的馬販等了好幾天，距離上繳貢馬的期限只剩三天了，州衙還沒動靜，他們也急了，便透過內線去打聽，得到的消息是——今年州官老爺要親自到市集去挑選馬匹，馬販子們一下子都雀躍起來！

過去，每當知州老爺親自挑選，必揀最大、最高的馬匹來買，看來，今年要賺大錢了。他們趕緊將馬梳洗乾淨，又餵牠們最好的飼料，務必讓他們當天精神飽滿、毛色光亮，方能賣到最好的價錢。等到隔天就是繳貢馬的期限，陳霽岩帶著購馬的屬吏去了馬市，馬販聽到消息，也趕緊帶著馬匹來到市集，每個人都牽著自己手上最高䠶的馬前來炫耀。

陳霽岩一問價格，又比去年高出不少。陳霽岩對此沒有多說，反而故意回頭對屬吏說：「我已稟報太僕寺卿，我們州的馬匹晚到三天，明天臨濮有個馬市，這裡的不行就去那裡購買。」他的聲音宏亮，眾馬販子們一聽，一下子洩了氣。繳馬日期原是定死的，越近馬價越高，一旦過了期限，各州縣買完貢馬，馬價馬上就跌回一半不到，這可怎麼辦呢？

眾馬販子開始嘀咕，只有將馬降價在此脫手了，因為再去其他州縣，也趕不上賣高價的日子。於是他們派人去找陳霽岩表示通融，願意降價出售。

哪知陳霽岩又指著那些高大的馬匹對屬吏說：「我已上奏太僕寺卿，開州的馬較矮小。像這些六尺以上的高馬，價錢如果太高了就不買，否則牠們會使其他馬看上去顯得更矮。」

馬販子一聽，心情像一下子掉到水井，渾身發涼，原本指望用高頭大馬來敲一筆的，哪知卻蝕了一把米。不賣嘛！趕回去還得餵牠一年，更不合算。無奈之餘，只得再次把價格壓低，陳霽岩看看價錢合理了，才下令收馬。當日收齊，也沒誤了繳馬期限。

陳霽岩連發兩顆煙幕彈，就治住了那些哄抬馬價、牟取暴利的馬販子。不僅完成了朝廷交待的任務，也不讓貢馬這件事造成百姓的負擔。這便是他巧妙應用心理學，讓馬販以為可以獲得利益，卻反而偷雞不著蝕把米。

「攻心為上」放諸四海皆準，不論是職場、商場，當為達目的，巧妙的利用眾人心理，來完成自己的目標，也是成功很重要的一環。這裡說的並不是要陷害他人，只是透過揣摩人心來達成我們的目的，皆大歡喜。

好比一個優秀的業務人員，如果光對顧客說明自家產品的優點，不一定能引起他人的購買慾，這時若能從顧客的需求下手，像是對想打掃又怕辛苦的人，就可以推薦相對輕鬆省力的打掃工具；想吃甜食又怕胖的人，就可以推薦他們吃低糖料理。

人的心理很奧妙，而心理的變化又和周遭事物息息相關，只要善用這一點，便能事半功倍，並達到目的。

第十一則

堅定自己的立場

當了解自己是為大局著想，而非一時衝動，堅持自己的信念就成了唯一的答案。

西元前一五四年，吳、楚等地的諸侯反叛朝廷。國情相當緊張，此刻，漢景帝劉啟的腦中閃過父親臨終前的囑咐：「我死後，如果國家有什麼緊急事故，你可派周亞夫統率漢軍，平定亂事。」漢景帝急忙把漢初名將周勃的兒子周亞夫，從中尉一下子晉升為太尉，掌握全國大軍。

周亞夫臨行前，漢景帝再三重託：「如今七國叛亂，情況緊急，國家安危全仰望將軍力挽狂瀾！」「臣必不辱使命。」周亞夫受命統領三十六位將軍及漢兵，浩浩蕩蕩向東進攻吳、楚等七國。

周亞夫領軍風塵僕僕到達淮陽，查明形勢後，親自向漢景帝呈上一份緊急奏章：

「吳、楚的軍隊輕裝簡從，行動極其神速，我軍無法與他們正面交戰。希望陛下行欲擒故縱之計，暫時放棄保衛梁地，讓叛軍占領，然後斷絕吳、楚的糧道，才能制服這些叛臣賊子。」漢景帝答應了這個要求。

周亞夫率兵，雲集滎陽。此刻，吳國叛軍正猛攻梁國。梁國屢屢向周亞夫求援，周亞夫置之不理，卻偏偏親率軍隊向東北駐紮於昌邑城，挖深城池，堅守不出。

梁孝王急了，天天派員向周亞夫求援。每次，周亞夫耐心聽完來人使命，便笑了幾聲，卻仍按兵不動。梁孝王惱了，直接上書漢景帝。他派人將一紙告急文書，星夜送到京城，漢景帝仔細攤開展讀：「陛下，梁國危在旦夕，周太尉拒不救援！」

漢景帝也有點著急：「周愛卿太過分了，怎能見死不救呢？得馬上派遣使者令太尉發兵救梁。」

京城使者到達滎陽軍營，宣讀完漢景帝詔書，周亞夫凜然一聲發話：「將在外，君命有所不受。若不能剷除叛賊，周某一人承擔罪責！」他仍固守壁壘，不出兵救梁，那宣讀詔書的使者也只能乾瞪眼。

然而於此同時，周亞夫已派遣精幹的輕騎兵，長驅直入，悄悄斷絕了吳、楚軍隊後面的糧道。吳國軍中被缺糧的陰影籠罩，只好強忍著不安，屢向漢軍挑戰，漢軍卻仍不為所動。

一夜，漢朝軍隊內部為了出不出兵的事吵鬧不停，直鬧到周亞夫帳下，但只聞帳內鼾聲正濃，周亞夫並沒有起床。他曠日持久，堅不應戰，把吳國軍隊拖累了，吳軍急著要尋找突破口。因此吳王劉濞調兵遣將，圍住了昌邑城。

一天，叛軍正在攻擊城的東南方。士兵連忙通知周亞夫，而聽完軍情彙報後，周亞夫卻道：「劉濞，你如何瞞得了我？你佯攻東南，實則欲攻西北！分明在聲東擊西。」於是，周亞夫調動漢營士兵，悄悄加強西北方的防備。不過片刻工夫，吳國精銳部隊果真猛攻西北方。

這時，周亞夫的手下出現在城頭，不論是箭矢，還是石頭，都如雨而下，吳軍哪裡攻得進去？劉濞發現計謀被識破，氣得吹鬍子瞪眼，而手下將士饑餓難當，士氣一落千丈，大敗而走。

周亞夫哪會放過他？但見長劍一揮，一支早就準備好的精銳呼嘯而出，追擊吳兵。劉濞見情勢不妙，馬上拋棄大軍人馬，只率數千壯士倉皇逃竄。他們直逃到丹徒縣，建築工事，龜縮自保。一個多月後，吳王被越國人斬下了腦袋。吳國叛逆徹底煙消雲散。漢景帝不得不對周亞夫刮目相看，而朝廷文武百官更嘖嘖稱讚：「周太尉當初棄梁國，正是為了保漢，確實是神機妙算啊！」

周亞夫按兵不動，靜觀其變，使敵人的軍備逐漸耗竭，既有過人的智慧，又有超常人的忍耐力。歷經三個月大小戰事，吳、楚等七國叛亂終於平定。周亞夫不因為漢景帝的壓力，而改變自己的立場，這份堅持難能可貴。

許多時候，我們雖然自知走在正確的道路上，卻往往有些聲音不停的干擾我們，或許那些人是出於好意，用他們的經驗想要我們照著他們的方法走。

但是面對人生決定的，唯有自己。當你明白自己已經摒去一切雜質，排除一切疑慮，知道自己的選擇能夠帶來更美好的未來，為其他人帶來更大的福祉時，就放手去做吧！堅持，是在分析所有的情勢之後，找出最適合自己的選擇，也就是擇善固執。反過來說，冥頑不靈則是「明知山有虎，偏向虎山行。」

你可以向長者、智者，討教他們的智慧與經驗，至於不懂大局、缺乏見識，卻老愛提供建議的人，就省省吧！他們只會擾亂你的心。不以他人的意見為意見，不讓他人干涉立場，是需要勇氣跟膽識的。

以道德為準則、以信念做堅持，讓我們勇敢為對的事情發聲吧！

以史為鏡 的 Smart Talk

- 觀察細節和細心審查：在解決問題時需要細心和耐心，不僅看表面，還要深入了解細節。
- 堅持原則：堅持自己的價值觀和原則，不輕易改變立場，這種堅持可以幫助你在困難時保持正確的方向。
- 耐心和堅持：在面對挑戰和困難時，耐心和持久力是取得成功的關鍵，不要輕言放棄，持之以恆。
- 團隊合作：學會在團隊中合作，與他人建立有效的關係，這對於工作和生活中的成功至關重要。
- 靈活思維和解決問題的能力：當齊威王提出看似不可能的挑戰時，大多數人都束手無策，但孫臏卻想到了一個聰明的辦法。這個故事教導我們，在面對困難時，應該保持靈活的思維，尋找不同的解決方案。
- 學習與成長：持續學習和個人成長是不斷進步的關鍵，隨著時代的變化，不斷提升自己的技能和知識。

- 智慧管理資源：有時候解決問題不需要複雜的方法，只需善用身邊的資源和環境。資源管理是生活和工作中的重要技能，有效管理時間、金錢和其他資源可以提高效率和生產力。
- 以少勝多的策略：學會善用有限的資源，制定高效的策略，達到以少勝多的效果。
- 創新和創意：鼓勵創新思維和創意解決問題，這對於解決現代社會複雜的挑戰非常重要。
- 溝通和協商：良好的溝通和協商能力有助於建立良好的人際關係，解決衝突，並實現共識。
- 以局勢為本的策略：在制定計劃和策略時，考慮到整個局勢，充分理解環境和因素，這有助於做出明智的選擇。
- 保持謙虛：謙虛和尊重他人的觀點和經驗，有助於建立良好的人際關係，學習更多，並不斷成長。

第七章

完善自己則人定勝天

第一則

斷捨離的勇氣

有放棄的勇氣，就要有開始改變的決心，重新創造新生活。

姚啟聖，字熙止，浙江會稽人。康熙二年考中鄉試，當上廣東香山縣的知縣。而從明末以來，香山縣盜匪和天災並行，因為人民繳不出賦稅，而造成知縣被捕入獄高達七人。

姚啟聖上任後，哀嘆說：「明年再加我一個，被捕入獄的香山知縣就是八個人啦！」

有了心理準備之後，姚啟聖便辦了一桌酒席，把七名被捕的知縣從獄中請了出來，一起痛飲，再給他們辦理行裝，送回原籍，並向總督報告七名知縣應追回拖欠官府的十七萬稅金，已在某月某日全部收回入庫。

總督聽了之後，大吃一驚，還以為姚啟聖是個巨富想行善替七名知縣償還欠款，豈知他根本是個貧寒之士，哪有能力替那些人償還稅金呢？

不久，吳三桂等人發動「三藩之亂」，皇帝令康親王南征，姚啟聖認為自己的好運來了，便對好友吳興祚說：「我闖了大禍，必須幫助康親王立下奇功，否則不能避禍，而要想說服親王，非你去不可。」

吳興祚答應了他的請求，姚啟聖遂準備五千銀元，以便買通看門的小廝；又打聽到親王喜歡彈丸，特意製造十萬粒讓吳興祚送去。

吳興祚相貌英俊，能言善辯，又熟悉福建的山川地理及兵馬之術，康親王同他談得十分投機。吳興祚乘機推薦姚啟聖，親王立即應允，行文給兩廣總督和廣東巡撫，調姚啟聖為參謀。

這時總督才驚覺上了姚啟聖的當，但迫於康親王的命令，不得已只好讓姚啟聖離職而去，至於所虧欠的稅金，只好另外叫商人補繳。

姚啟聖放棄自己到手的的職位，轉而去謀求更有前途的發展和機會，這需要具備壯士斷腕的決心與氣魄。許多人對擺在眼前的困境束手無策時，乾脆置之不理，這是一種消極的行為。選擇放棄不代表真正的結束，而是從另一個地方東山再起。

例如有些人不受公司重用，但又無可奈何，於是過一天算一天。這時候有兩種選擇：一種是繼續待著，安於月領固定薪資，日子得過且過。另一種是果斷捨棄原有的利益，另謀出路，期許將來能擁有更大的自由與收益。前者在舒適圈繼續窩著，後者過得多采多姿。

「放棄」也有風險，因為你不知道在這之後，會遇到什麼樣的處境，可能更好、也可能更壞，而原有的利益也會大幅減少。唯一可以肯定的是——「放棄」之後，就是嶄新的「開始」，而這個「開始」得靠我們自己去開創、去努力。

有放棄的勇氣，就要有開始的決心，讓我們用正面樂觀的態度，一起迎接未來的挑戰吧！

第二則

以不變應萬變

冷靜，不是毫無作為，而是為自己爭取時間與空間，端看事態的發展，進而為自己找出有利的機會。

西元前二〇三年，正是楚漢相爭最激烈的時候。有一次，項羽離開了成皋，率軍東進，被劉邦認為是攻城的大好時機。因此，劉邦親率數萬大軍，把成皋團團包圍。

鎮守成皋的是項羽手下大將曹咎，他堅守城池，拒不出戰。曹咎知道劉邦大軍遠路而來，已經人困馬乏又缺乏糧草，只要堅守壁壘，他日漢軍定會退去。所以，不管劉邦軍隊在城下擺陣，曹咎都置之不理。

劉邦自知如果再僵持下去，軍中糧食終將消耗殆盡，一旦項羽派救兵前來，漢軍就很難取勝了，於是召集謀士商議。

有個謀士深知曹咎的性格暴躁剛烈，禁不起激將法，便獻上一計——每天派遣數百名軍士在城下辱罵曹咎，以求使曹咎喪失理智。

此計果然生效，一開始只有十幾名、數十名漢軍騎兵在城下走動，來回大罵曹咎，罵的話非常難聽，讓曹咎怒氣沖沖。但他深記項羽臨走時的囑咐：「無論如何，不要出城與漢軍作戰，只要嚴守成皋城，拖住漢軍，就是建功。」所以曹咎強忍怒氣，不予理睬。

誰知漢軍更加猖狂，接下來的幾天，謾罵曹咎的士兵越來越多，有的躺在城下叫罵，有的揚起白布招魂幡，上面寫著曹咎的名字破口大罵，連祖宗十八代都罵上了。

要不是項羽的命令，曹咎早就出城應戰，連日只是強忍下來，如今漢軍將他逼到極限，曹咎忍無可忍，終於提刀上馬，帶領兵士殺出城門！

漢兵見到曹咎出來，陷入大亂，紛紛逃離，曹咎則怒火萬丈，心想非要把漢軍殺敗不可。可是，正當他帶軍橫渡汜水之際，就被埋伏的漢軍攔截，前後夾擊，殺得曹咎潰不成軍。

曹咎這下才明瞭項羽命令之用心。然而眼下軍士們屍橫遍野，加上成皋城早已插上漢軍旌旗，曹咎又悔又恨，當場拔劍自刎。

當我們聽到別人說我們壞話時，要先自省他說的究竟是事實，還是惡意的批評謾罵。

就像當今的網路社會，往往一點不干他人的小事，也會被人在網上罵得極為難聽，那些人你可能根本就不認識，然而你一旦嚥不下這口氣，和對方在網上叫囂留下不雅字眼，就算一開始有理，到最後也變得站不住，最終吃虧的還是自己。

「忍一時風平浪靜、退一步海闊天空」，這話在現代的社會看來不免消極，但我們何妨暫時嚥下這口氣？這也是為了明哲保身。若是放任自己衝動，後果可得付出極大的代價。曹咎便是沒有想到這點，結果中了他人的激將法，最終竟葬身在唇齒之間……我們遇事必須先冷靜下來，看清事態的發展再作決策，而不是腦子一頭熱的陷入別人的詭計中。

第三則

不貪婪、不妄想

不屬於我們的財富別碰，不屬於我們的錢財不去妄想，就可以避開麻煩、遠離禍事。

秦國透過商鞅變法，國力富強，為與六國爭雄，早有虎視中原、兼併各國諸侯之心。而在戰勝魏國，收取了河西大片土地之後，秦又接著加緊對蜀國的進攻。

蜀國是戰國時期偏遠的一個小國，兵力、財力遠遠不如秦國，但憑藉著巴山蜀水的險要地勢，只要集中兵力便能守住國門，可謂是「一夫當關，萬夫莫敵」。秦軍雖然兵強馬壯，但也知道「蜀道難，難於上青天」，行軍作戰難以施展威力。有時僥倖能攻占一兩個城池，卻因不熟悉地形，常反被蜀兵斷前絕後，最終走投無路，猶如被甕中捉鱉。稱雄一時的秦軍在蜀地屢攻屢敗，白白損兵折將，仍難通過秦嶺，打開蜀國國門。秦惠王為此寢食不安，曾多次親自臨陣勘查地形，多方打探蜀國虛實，後來總算有了計策。

有一天，秦國的大批軍隊突然撤走，消失得無影無蹤。蜀軍素知秦軍詭計多端，恐有偷襲，不敢怠慢，仍嚴守險關加強戒備。

半個月之後，秦國軍隊一直沒有動靜，貌似真的因徒勞無功而撤歸秦國了。就在此時，蜀軍上下都在議論一件怪事：說是離蜀國關隘不遠的邊境，有一頭神牛會拉出黃金屎。事情越怪，傳得越快，消息很快就傳到蜀國國君的耳裡，他將信將疑，故派了一名心腹大臣前去查看真偽。

這位心腹來到邊境，果然見到神牛。其實那不過是一頭龐大的石牛屹立於路邊，一動也不動。為了確認牠是否如傳言般神奇，會拉黃金屎，他往前一看，石牛屁股下果然有一堆碎黃金。

心腹大臣為了慎重起見，觀察了幾天，發現神牛每日都會便出一堆黃金屎，因此連忙將黃金收起來，送回宮中，將一切如實奏報國君。

蜀國國君正愁國庫因戰爭變得空虛，聽到天降神牛的喜訊，不由得心花怒放，一心想得到神牛。為防別國搶奪，他立即派出軍隊前往保護神牛，同時動用大量人力、物力，遇山開路，逢水架橋，修好一條由邊境直通國都的道路，打算把這個龐然大物運到宮中。

神牛一路定時便黃金屎，到了蜀宮也便了幾次，可是幾天後，就再也沒有黃金從牛的屁股裡落出來。

蜀國國君和眾臣困惑不解，繞著石牛轉來轉去，時而摸摸石牛的頭、拉拉牠的耳朵，甚至去拽牠的尾巴，都不見黃金蹤影。蜀國國君弄不明白，叫來心腹大臣詢問，也沒有人知其所以然。

正在此時，國都守將來報：「大事不好了！秦軍已兵臨城下！」蜀國君臣頓時亂成一團。

原來，秦惠王查看地形後，知道秦軍失利的原因，又獲悉蜀國國君求富心切，就安排能工巧匠，祕密鑿製了這頭龐大的石牛，放在蜀國邊境，暗中在石牛內設了機關，定時撒放碎黃金，然後派人四處傳揚神牛的黃金事蹟，騙蜀國國君上當。

於是，蜀國開路運「牛」在前，秦軍尾隨在後，當神牛便盡碎黃金時，秦軍也把蜀國的都城包圍了。

蜀王因貪圖神牛，花了大量的物資開山造路，喜滋滋迎來神牛，沒想到也引來秦軍，真是自掘死路。

財富人人都愛，但「君子愛財，取之有道」，我們可以透過我們的雙手，付出心血或勞力，賺取報酬，這些錢才是實實在在屬於我們的，而意外之財，來得快，去得也快。

收起貪婪的心，別去奢求不屬於自己的財富，就算無法大富大貴，至少能讓我們安心保有自己的錢財。

第四則

主動出擊，贏得生機

當問題出現時，與其依賴他人，不如主動了解問題癥結，再靠自己的力量去解決。

在福建有一座大山，名叫庸嶺，高而陡峭，相當險峻。在庸嶺的西北方，有個巨大的山洞，住著一條七、八丈長的巨蛇。這條巨蛇吞沒了許多過往的行人，使得附近的百姓擔驚受怕，人人自危。

東治郡的負責官員想不出抓蛇的妙法，卻聽從巫師道士的建議，年年獻牛羊祭祀，依然無法消災祛邪。巫師們為了挽回自己的聲譽，乾脆造謠，謊稱巨蛇託夢，需將十二、三歲的童女奉獻給牠，才得以安寧。對此東治郡的官吏居然深信不疑，比照辦理，幾年下來已經獻祭了九個無辜的女孩，但巨蛇為害依然存在。

有一年，「祭日」將至。官府挨家挨戶找祭品，可是家裡有女孩的百姓都把小女孩藏了起來，誰也不願將自己的孩子獻給巨蛇。

這時，官府得知李家有六個女兒便上了門。李家雖然沒有兒子，但對女孩們一樣疼愛，年紀最小的李寄既孝順又受寵。面對官兵上門，李家想盡辦法不讓女兒被帶走。

孝順的李寄則對父母說：「我們這些丫頭非但無力供養父母，反而白白增加家庭負擔，您還是把我賣給官府吧，這樣您就能得到一大筆賞錢，既可貼補家用，又少了我一份口糧。再說，我也不見得一定會被蛇給吃掉。」

李寄的父母哪裡捨得，尤其是李寄的母親，淚流滿面，然而在差役的強行拉扯之下，李寄還是被帶走了。

李寄被帶到官府，她說：「要把我獻給巨蛇可以，但我需要一口鋒利的劍，和一隻厲害的獵狗，還要幾大擔拌上蜜糖的糯米糰子。」官府雖然不知這女娃想做什麼，但還是答應了她的要求。

到了祭蛇那天，李寄不用差役押送，反而要他們挑上準備好的糯米糰子，帶上寶劍和獵狗，昂頭挺胸地走向蛇洞。

到達洞口，李寄令差役將糯米糰子倒在地上，差役們生怕巨蛇出洞吃人，腳底抹油全都逃跑了。躲在一旁的李寄一看，這是一條罕見的大蛇：腦袋有圓頂的穀倉那麼大，眼睛活像兩面兩尺闊的眼鏡。

巨蛇聞到地上食物的香氣，便大口大口地將糯米糰子吞了下去，沒一會兒，便吃個精光。接著巨蛇便蜷縮著身子，在洞口酣然睡去。原來，李寄在團子裡拌了不少黃酒，巨蛇顯然是給灌醉了。

這時李寄喝令獵狗：「上！」獵狗飛撲上去，朝蛇的頸子狠命撕咬，巨蛇被咬得痛醒過來，正準備反擊時，李寄早已舉著鋒利無比的寶劍衝上去，她用盡全力朝蛇頭劈斬。巨蛇吐出紅紅的長舌，在地上扭曲翻滾，想要攻擊李寄，而李寄的身子靈巧，幾次險被巨蛇咬到，都被她閃了過去。幾個回合下來，巨蛇不堪身上的傷，加上疲累，最終不敵，身子一挺，死了過去。

李寄走進蛇洞，見洞裡有九具女孩的頭骨，便全部捧出洞來，自言自語地說：「唉，你們既膽小怕事，又不肯動腦筋，白白丟掉性命，真可惜啊！」她挖了一個洞，把骨頭埋好之後，便下山去了。

當地的人看到李寄，還以為是鬼魂，都大叫起來！而李寄回到家中，家裡人又驚又喜，摟著她不肯放開。

李寄安然返家的消息傳到官員耳中，他們急忙趕來，想將李寄帶走，待李寄跟他們說明巨蛇已死，原本他們還不肯相信，最後李寄領著眾人來到蛇洞，看到死亡的巨蛇，官員這才信服。

李寄不認命放棄生命，勇於為自己創造生存機會，同時也為當地除害。

在外在條件無法改變的前提下，不妨從自身出發，積極思考解決問題，或許能別有洞天。李寄不屈服於命運的安排，以智慧戰勝了強大的對手，保全了自己，也為民除害。所謂「人定勝天」，事在人為。

許多人遇到失敗時，就兩手一攤，認定此生如此，不思改進。無所作為勢必只能擁抱失敗，自然無法獲得成功。唯有握起機會的寶劍，並向前邁進，才能開創不同的局面。

只要你能主動出擊，為自己創造機會，成功的機率勢必遠遠超過消極的失敗者，那些不肯為自己爭取的人，早已如躺在砧板上的食材，任憑命運宰割。

第五則

保存實力，厚積薄發

留得青山在，不怕沒柴燒。當身處不利地位時，就要臨險設謀，突出重圍，以便尋找機會東山再起。

南宋抗金名將畢再遇素來以智謀聞名。有一次，他率領軍隊與金兵對峙，雙方戰了很久都沒有結果。後來金兵援軍趕到，金軍的兵力比宋軍還大上十倍，硬碰硬絕對沒有勝算，若要退兵，強敵在前，撤退必受敵人追殺，後果同樣十分危險。

要怎樣才能安全撤退呢？畢再遇苦思良久，終於想到利用「金蟬脫殼」一計。他吩咐手下找來幾隻活羊，將牠們後腿吊起，前腿則放在更鼓上，士兵們百思不解，只能聽令行事。做好準備後，畢再遇又要士兵把乾糧帶在身上，而營帳、旗幟等設備，一律不許動。到了晚上，畢再遇又傳令，要求所有的馬匹嘴上都咬著鐵鏈，士兵們也都不准講話，更不准點火，將他們集合起來之後，趁著夜幕低垂，悄悄向南撤退。

話說這個金兵主師早就恨透了畢再遇，老早就想捉住他，這次機會相當難得，絕對不可錯過。於是他傳令，派附近的兵馬都來增援。但他也知道畢再遇智謀非凡，形勢如果對宋軍不利，他必會謀路撤退。

於是，金兵主帥派出哨兵，要他仔細盯住宋營，一旦宋軍有撤退的跡象，隨時來報。哨兵們接到命令，一個個都找好位置，向宋營瞭望。

只見今夜宋軍像往常一樣，入夜後，即滅燈入睡。旗幟依舊，並不時傳來「咚咚」的更鼓聲。

更鼓響了一夜，直至天明，遠遠望去，宋營的旗幟仍在，哨兵們也沒人前去報告。等到太陽出來，金兵主帥傳令手下全線攻擊，然而當他上了高坡向宋營瞭望，卻見宋營不見半個人影，只有一些烏鴉落在營帳上，情況相當詭異。

金兵主帥發現不對，忙令哨兵們貼近觀察，才知道宋軍已悄然撤走，留下一座空營。原來，畢再遇退兵前，已讓手下人放開羊前腿。羊被吊疼了，便掙扎四蹄，前腿蹬得更鼓「咚咚」直響。蹬一陣子，羊累了，便停下來。過一會兒，羊有了力氣就又掙扎，更鼓就又響起來。遠遠聽了，活像人打更一般。

眼見煮熟的鴨子飛了，氣得金兵主帥吹鬍子瞪眼也已經沒輒了。

畢再遇利用金蟬脫殼的方法，巧妙撤軍，不但保存了實力，也為將來做準備。如果公然退兵，可能遭到敵人追殺，很難東山再起，也無法有所作為。

想要完成夢想，就別將自己燃燒殆盡，「大丈夫能屈能伸」、「識時務者為俊傑」，蹲下是為了更長遠的未來做準備。只要在退讓的時候，堅定自己的理想，並做好準備，就像越王勾踐為自己留下一線生機，然後蓄積自己的實力，最後終能打敗吳國。

為了長遠的目標，一時的隱忍又算什麼呢？讓我們如同那燒不盡的野草，等到春風來的時候，在大地上又是一片生機盎然。

第六則

往成功的路上前進

有破斧沉舟的決心，才有機會力挽狂瀾。

秦朝末年，項羽的起義軍節節勝利，聲勢也越來越大，但由章邯所率領的秦朝主力軍，實力還是很堅強。

而在定陶戰役中，項梁由於過於輕敵而兵敗身亡，義軍則由宋義領導。宋義膽小畏敵，被項羽所殺。爾後，項羽便親自率軍渡過黃河，想要和秦兵決一死戰。

但自從定陶戰役失利以來，義軍的士氣一直很低落。秦將章邯始終野心勃勃，想乘機滅掉義軍。

為此項羽召集手下謀士，要大家一起想辦法。眾人分析認為，秦軍雖然人數眾多，但軍心渙散，戰鬥力不強，而義軍雖然在人數上比秦軍少，但軍心一致。兵法上說：「夫用兵之道，攻心為上，攻城為下；心戰為上，兵戰為下。」因此只有斷了軍對的退路，眾人才能齊心拚死殺敵，即所謂置之死地而後生。

於是，項羽使出大絕招。首先，他讓士兵將岸邊的渡船鑿洞，讓那些渡船全都沉入河底，又規定每個士兵只能帶三天的乾糧，接著讓士兵把做飯的鍋全部砸碎，並放火燒掉岸邊的營房。這樣一來，前為秦軍，後無渡船，將士們明白，此戰只有拚死才能殺出一條血路，大伙都摩拳擦掌，士氣被激發到了頂點，他們猶如亡命之徒，大叫衝向秦軍的陣營。

秦軍見項羽的義軍前來，起初不以為意，但見到義軍的氣勢之後全都驚呆了！只見義軍個個都成了敢死隊，以一擋百，發瘋似地衝殺，眼都殺紅了。

好一場惡戰，殺得血肉橫飛、天昏地暗，不只秦軍被打得一敗塗地，主將章邯也被迫投降。這場戰役奠定了項羽在各路反秦義軍中的領袖地位，也是成語「破釜沉舟」的由來。

面對強大的敵軍相逼，項羽把生死置之度外，斷絕了一切退路，把士兵推上了死地，逼得他們拚死血戰，終於取得勝利。

同時，我們也知道，當一個人一無所有、沒得選擇時，就只能往前衝了，只要不放棄，那股決心就能夠改變一切。

第七則

大智若愚

許多人不肯示弱，總是逞強好面子，然而真正聰明的人，其實是大智若愚的。

三國後期，北方曹魏勢力日漸強大，併吞天下之勢已成定局但於此同時，曹魏內部的司馬氏勢力也日益強大，勢力可望取代曹氏。

魏明帝曹叡死後，大權掌握在大將軍曹爽手中。曹爽為了抑制司馬氏力量，拔掉太尉司馬懿的兵權，司馬氏不甘心到手的權利遭奪，密謀除掉曹爽，重掌軍權，以成大事。但司馬懿知道，武裝起事引起內亂，只會讓吳蜀趁虛而入，鷸蚌相爭得利的是漁翁，想除去曹爽，只有智取才行。

司馬懿明白曹爽懼怕的是自己，防範的也是自己，便想利用這點，乘其不備，趁機奪權。既然主意已定，司馬懿便稱病拒不上朝。每每朝廷派使者前來問病，總裝出病重之態。曹爽聽了回報，心中大喜，心想司馬懿在朝中對自己威脅太大，但他是主上的老臣，又以足智多謀聞名，原先還怕鬥不過他，哪知老天助人，讓他衰老有疾，難問政事，看來司馬氏成不了氣候。但曹爽隨即想到，這司馬懿會不會是詐病來騙自己呢？於是他決定找機會再去試探一番。

不久，曹爽得到荊州，因為荊州是軍事重鎮，曹爽便派自己的心腹，也就是河南尹李勝前去任荊州牧。臨行前，授意他前去向司馬懿辭行，以觀虛實。

李勝原是司馬懿的老部屬，所以司馬懿同意讓李勝來臥室相見。李勝進屋，就看到司馬懿讓侍女扶他起來，並用被子圍住身子，才勉強在床上坐住。

李勝說明來意，表示自己馬上將赴荊州，因此特來向他辭行。司馬懿側耳聽了半天，說道：「並州靠近胡人，你此去可得小心。」李勝提高了音量說：「我要去的是荊州。」司馬懿回：「雍州？雍州也很重要。」李勝心想，看來這老傢伙真不行了。又見司馬懿要喝水，侍女端過碗來餵，水從這邊倒進嘴去，卻從嘴角流出了一半，滴得滿被子都濕透。

李勝探病告辭，把這些事報告了曹爽。曹爽聽了司馬懿的狀況後，再也不把他放在眼裡，心想，緊張了這些日子，也該放鬆一下，於是就約了皇上外出狩獵。

司馬懿一聽曹爽和皇上出城狩獵，知道良機到來，趕忙組織親兵發動政變。等曹爽與皇上回城，隨即在城外擒住了曹爽。曹爽一見司馬懿精神抖擻地騎在馬上，得知自己被這老東西算計了，長嘆一聲，任憑宰割。司馬懿給曹爽安了個罪名，夷滅三族。如此一來，曹氏的內部鬥爭最後以司馬氏順利奪權而告終。

司馬懿裝瘋賣傻，保住了自己，也麻痹了敵人，最終借助有利時機，一舉取得勝利。

遇到敵手時，不要急於外顯你的聰慧才智、鋒芒畢露，縱使你可能比對方聰明，但適時的裝傻，容易使對方卸下心防，進而達到你的目的。

一開始就表露來意，讓對方有了警惕，就會抗拒，事情也就沒有那麼容易進行，所以適時的裝傻、示弱，將使你的目的在不知不覺中達成。

「大智若愚」——一個有智慧的人，是不會管別人怎麼看待自己的，他們只重視事情是不是照自己的心意發展，必要時再適時出手推一把。也許平日裝聾作啞，或默不吭聲，但千萬別因為如此，就以為他們是弱者。

第八則

沉著方能自救

面對危險或突發事件時，必得臨危不亂，才能把握機會適時做出反擊。

明朝有戶官宦人家，家中有個五歲兒童，長得十分可愛，不但口齒清晰，聰穎過人，來訪客人總喜歡和他說上幾句話，可以說是人見人愛。

有一年元宵佳節，這名小娃想要出門看燈會，家人便吩咐一名老僕人隨行，主僕兩人開開心心出門。

元宵燈會是每年的例行活動，非常熱鬧，走在街上，只見三步一小燈、五步一大燈，還有人手上提著燈籠走動，這些花燈造型不一，各異其趣，城裡城外的人都來欣賞，路上熙熙攘攘，老僕人為了讓小主子可以欣賞到各式花燈，就將他背在身上，一老一小，花燈賞得流連忘返。

老僕人看燈看得入神，忽然覺得肩上一輕，身子也鬆了許多，他伸伸筋骨，突然發現不對勁，小主人呢？老僕人左右張望，都不見小主人的蹤影，他急得差點哭出來，連忙回去告訴主子。再說那五齡童也在出神看燈，在老僕人身上東張西望，卻覺得突然被人抱起，往另一個方向走。

「你走錯了啦！我要看那邊的……」小主人驚覺不對勁，揹著他的這個人身子比老僕人健壯，腳步也輕快許多，他眼眸一轉，很快便知道來者不善，他也不哭鬧，靜靜的待在他的身上。

「這個人大概是要將我捉去賣吧！要不然就是看中我的帽子，我得將它收好才行。」小主人心想，便將帽子取了下來，放在懷中。

那抱走小主人的，正是人口販子，他看這小娃穿著特別華麗，不論是身上穿的，還是頭上戴的，布料、縫線無一不精緻，加上那帽子上還有一顆寶石，身為行家的他，立刻知道那寶石價值不斐，遂溜了過來，將這孩兒抱走。

「哼！就算你把帽子藏起來，等把你賣掉之後，它也是我的。」人口販子心想。

小主人在人口販子的身上，不哭也不鬧，像是不知道自己被拐這回事，毫無動靜，這讓人口販子更得意了，也因此放鬆警戒，在人群間走動了一會兒後，準備離開燈會。

這時，迎面過來一頂轎子，看來是個高官出巡，兩旁還有衙役，敲鑼打鼓，提醒人群讓道。這名人口販子見到官爺，就像老鼠見到貓，他的頭低低的，打算趕緊離開。

突然，一雙圓潤的小手，緊緊抓著轎簷，而小手的主人大喊：「救命啊！救命啊！我被綁架了！」

人口販子一聽，嚇了一跳！手一鬆，急忙跑走，而轎子裡的人，聽到這聲音，掀開簾子，看到一個可愛的娃兒摔倒在地，連忙叫人把他扶起來，心疼道：「怎麼了？發生什麼事？」

小娃兒站了起來，不慌不忙，朝著官員作了個揖說：「啟稟大人，壞人已經逃走了。」

官員見他不像一般孩童，看到當官的就啼哭，遇事也不慌張，大為欣賞，就把他抱了起來，問：「你是哪家的小孩呀？」

「我是東門外的張姓人家。」

官員一聽，正是他要前去拜訪的大戶人家，他早聽聞這戶人家有個機靈的小娃兒，想來就是這個孩子了，於是便帶著他走。

而在張家，一家人聽到小主人不見全都慌了，老夫人差點暈了過去，上上下下，亂成一團。有的要去請大夫，有的打算去找小主人，好好的過年，全都變樣走調了。

這時，官員抵達，全家見到小主人回來都喜上眉梢，樂不可支，老夫人緊緊將孫子摟在懷裡。而老僕人看到小主人回來，終於鬆了口氣，他不用以死謝罪了。

全家人在聽了官員的解說後，知道小主人的遭遇，都不禁冷汗直流。而官員則惋惜道：「如果能夠將那個人口販子抓到就好了。」

「這有什麼困難？」這小娃兒一開口，眾人都望著他，他笑咪咪地說道：「我已經在他的身上留下記號。」原來小主人頭上的那頂帽子，是他的母親縫製的，上面有一根為了避邪而縫在帽子裡的金針，小主人趁人口販子不注意的時候，偷偷將針別在人口販子背後的衣領上。

官員聽了，立刻吩咐手下，巡街官員便封鎖路口，加上小主人描述他所穿的衣物顏色，很快就找到了人口販子。

沉著與膽識，是我們遇到突發狀況時，最強大的定心丸。唯有保持鎮靜，才能讓我們的腦筋發揮到最佳化。

就像故事中的小娃兒利用自己的智慧，不但自救，還打擊犯罪，抓到壞人，遏止了其他犯罪。當然他也明白光憑自己年幼體弱，絕對打不過人口販子，於是冷靜應對，最終解救了自己。

每個人都不希望遇到意外，我們行走江湖，遠離是非是保身之道，但即使再低調，也可能遭受池魚之殃，而面對突如其來的意外，該怎麼辦呢？

不要因為突來的意外，自亂陣腳。遇到事情「莫慌張」，絕對是面臨任何困難時所必須要有的態度，如此，才能在旁人出手救援之前，先行自救生存下去。

第九則

推敲事物的運作

善心被質疑、好意被扭曲，這些都令人痛苦，但請別忘記初衷，記取教訓，下次會做得更好。

清咸豐年間，太平天國英王陳玉成、胡以晃起義，他們的軍隊在安徽境地遭到曾國藩統領的湘軍圍剿。兩軍交戰，戰況非常激烈，卻又難分勝負，暫時處於對峙狀態。

期間，有人向曾國藩密報，投訴有不肖士兵會去百姓家搶劫財物、調戲民女，心存不軌的劣跡累累，造成人心惶惶，敢怒不敢言。曾國藩聞言，便到民間微服私訪，了解到許多良民對依仗權勢欺壓他們的貪官污吏非常痛恨，更對一些地主的強橫惡霸行為怨氣沖天，但即使如此，人們還是不敢針對這些情事向衙門檢舉控告。

曾國藩將了解後的情況告知下屬，有人建議在營署前面掛上一個大箱子曰文訴箱，然後張貼告示：「凡是地方有人想控訴某人，可以用匿名信的形式，寫好控訴文書，投入箱內，定時派人從箱中取出文書，即行究辦。」曾國藩覺得此法可行，便很快採納了。

文告貼出不久，此舉果然奏效，每天晚上官府開箱都取出許多信件。根據信中所檢舉之事，進行調查，果然查辦了不少人。而尚未被檢舉的貪官污吏、惡霸聽聞之後，自然也收斂不少。

但此法仍有許多不盡如人意的地方，像是一些心術不正，或是與人存有私怨的人，就捏造事實，投書控告，一時投告之風四起，鬧得人心惶惶。甚至有些行得正、坐得端的官吏，因為秉公辦事，得罪了一些小人，這些奸小之徒，就藉機誣告陷害。擔任主審判的官員，對這些無中生有的申訴，很難找到原告，以至於案件處理起來十分困難。於是，有一位官員向城中一位訟師求教，究竟該如何解決此類問題呢？

這位老訟師德高望重，經驗非常豐富。他沉思一會兒說：「你放心，三天之內，問題就會銷聲匿跡。」這位官員聽後將信將疑，只好謝過老訟師而返。

事隔二日，曾國藩突然下令，將營署外的大箱子全部撤掉！

原來，老訟師寫了十幾張匿名控訴文書，痛斥曾國藩本人不公。曾國藩對此既不能置之不理，但卻又查不出是誰寫的，抓不到誣告人，只得夜夜反省自己，自認為官以來，總是竭盡職守、秉公辦事，竟遭人誣陷指責！想到自己轄下官吏也可能無緣無故地被誣告，那麼，這文訴箱便與初衷相違背了。最後，曾國藩取消了先前的命令，撤掉了文訴箱，誣告的風氣也停了下來。

有時儘管我們的初衷是出於好意，但事態的發展卻事與願違，這難免讓我們感到困惑，難道自己做錯了嗎？凡事都有一體兩面，當我們在做某些決定時，勢必將影響到其他人，能從中得到好處的，便支持我們的決定；而利益受我們的決定侵擾的，則十分反彈。這時，我們更該仔細審視自己的作法，是不是在執行的層面有許多細節未注意到？

對任何事務的推行、運作，都應該審慎思考，在細節處更加注意，若遇到挫折，則可以吸取教訓，下一次才能做得更好。如此，也不枉費我們當初的善意。

以史為鏡的Smart Talk

- 鼓勵創新和變革：積極鼓勵創新思維和變革，不斷改進工作和生活方式，以適應不斷變化的環境。
- 保護個人隱私：重視個人隱私和數據安全，採取適當措施來保護自己和他人的隱私信息。
- 堅守原則和誠實守信：秉持誠實守信的原則，堅守自己的價值觀，並在工作和生活中展現出誠信。
- 建立團隊合作：學會合作、協作和團隊工作，以實現共同的目標和任務。
- 適時處理衝突：有效解決衝突，採用積極的溝通方式來促進合作和理解。
- 有效的領導與管理：成為一位有效的領導者或管理者，能夠激發團隊成員的潛力，實現共同目標。
- 積極的自我反思：不斷反思和改進自己的行為和決策，以提高個人和專業發展。

- 公正和平等：堅持公正和平等的原則，對待他人不分種族、性別、宗教或社會地位。
- 尋求智慧和忠告：不斷尋求他人的智慧和建議，學習歷史經驗教訓，以指導自己的決策和行動。
- 審時度勢和趨勢分析：司馬懿能夠敏銳地審時度勢，意識到曹爽在朝廷中對他造成威脅，因此利用曹爽的擔心來實施政變。這提醒我們在決策和行動之前，應該仔細分析局勢，理解趨勢，以做出明智的選擇。
- 勇於挑戰困難：李寄面臨極大的危險，但她並不順從巫師的謊言，而是勇敢地挑戰巨蛇，為自己和其他受害者爭取生存的機會。這提醒我們在面對困難和不公時，應該勇敢地站出來，不要輕易放棄，並尋找解決問題的方法。

第八章

深謀遠慮，奠定勝局

第一則

以智取勝，雄辯禦侮

一個有才能的人，是不會在意外界的眼光的，他們態度從容，心胸開闊。

晏子出使到楚國去。楚國的君臣知道晏子的身高不高，就想戲弄他以顯顯楚國的威風。他叫士兵在大門旁邊開了一個小洞，在晏子抵達之後，便要他從這個小洞進城。

晏子看了看不生氣也不動怒，只是平靜地說：「這是狗洞，不是城門。出使狗國的人，才從狗洞出入。今天我是出使楚國，不是出使狗國。請問我是來到狗國，還是來到楚國？」楚人無言以對，只好打開城門，迎接晏子進城。

晏子見到楚王，楚王看他矮小，有些瞧不起他，便笑說：「怎麼，齊國就沒有人嗎？」晏子知道楚王是在諷刺他，不動聲色地回答：「光是齊國首都臨淄就有七萬餘戶人家，街上的行人若全部張開衣袖，便能遮天蔽日；若所有人都甩一下汗水，就可以彙集成一場大雨，人們走在街上都還擠得肩膀挨著肩膀、腳尖碰著腳跟。大王，您怎麼說齊國沒有人呢？」

楚王有些不太高興，說道：「既然齊國有這麼多人，為什麼要派你這樣的人來擔任使臣呢？」

晏子不慌不忙地回答：「我們齊國派遣使臣有個規矩：要是對方是個上等國家，就派一個有本事、有德行的人前去；要是對方是個下等國家，就派一個碌碌無能的人前去。我是最沒出息的人，所以才派我到你們楚國來。」

楚王聽了大不悅，但又不好發怒，這時兩個吏卒綁著一個犯人來到楚王面前。楚王又故意問：「這個犯人是哪國的人？犯了什麼罪？」吏卒回答：「這是齊國人，他犯了盜竊罪。」楚王笑問晏子：「難道齊國人都善於偷盜嗎？」

晏子知道這是楚王安排好故意來為難他的，他離開座位，不慌不忙地回答：「我聽人說過，桔子生在江南一帶叫做桔，果實又大又甜；假使把它移到江北一帶種植，就變成枳了，果實又小又酸。它們的葉子很相似，果實的味道卻完全不同。為什麼會這樣呢？這是因為兩個地方的水土不同啊！這個人在齊國生活時並不偷盜，來到楚國就偷盜，是不是楚國的水土使得百姓善於偷盜啊？」

楚王聽了，臉羞得通紅，心想：「晏子真了不起啊！我想要耍他，沒想到，反被他給耍了。」他從此對晏子另眼相待了。

晏子運用自己的才智巧妙智答楚王，為齊國贏得尊嚴，也因此再也沒有人看輕他了。晏子雖然身形不高，但他的智慧如同巨人，尤其是他面對楚王不卑不亢的泱泱大度，令人欽佩。

有些人我們打從心底敬佩他，是因為他透露出來的氣質、風華與才幹讓人折服。像美國的侏儒明星彼得．汀克萊傑（Peter Hayden Dinklage），雖然身高只有一百三十公分，但卻用自己的演技在俊男美女雲集的好萊塢裡，闖出自己的一片天。憑著演技，兩度奪下艾美獎。彼得靠的不是外貌，也不是金錢，他是憑自己的演技與才華，為自己獲得尊敬。

第二則

不可全拋一片心

在與人交往時，一定要拿捏尺度，逢人且說三分話，不可全拋一片心。

西元前三四〇年，商鞅建議秦孝公：「魏國的龐涓兵敗身死，各國諸侯都已背棄他，我們可以乘機討伐魏國。」秦孝公野心勃勃，想要稱霸天下，遂派他率兵五萬，前去攻打魏國。

魏國君主聞訊便召集群臣商議，希望可以找出對應的方法。這時，公子卬跳出來說：「商鞅當年在魏時，和我有交情，我曾經向大王推薦他，但當時他並沒有得到大王的重用。如今我願請令，先與他講和，如果他不同意，我們再固守城池，並請韓國、趙國出兵救援，迫使秦國退兵。」魏惠王覺得有理，即拜公子卬為大將，率兵五萬進屯吳城。

兩軍對壘，商鞅派人送信給魏公子卬，上面寫著：「當年我與您交情甚篤，現在各事其主，為兩軍之將，實在不忍相互殘殺。我有意與你講和罷兵，您若有心，請輕裝簡從相見於玉泉山，做衣冠之會。」公子卬看了，大為感動，覺得商鞅和他的想法一致，便如期赴約。

商鞅為迷惑公子卬，故意把玉泉山附近的軍隊撤走，暗中卻埋伏下散兵。到了約定好的日期，商鞅派人去魏營報信，說他只帶了幾個隨從在玉泉山下迎候。公子卬到了山下，見商鞅隨從既少，又沒有帶武器，遂不疑有他，放下心防。

兩人見面，先敘舊情又飲酒奏樂，飲到酣暢之際，忽聞一聲號令，秦國勇士在筵席上生擒了公子卬，押入囚車，直接送回秦國報捷，而魏國隨行的人都被埋伏的兵士所俘虜，沒有一人逃脫。

商鞅再到吳城威逼利誘，讓他們用本國儀仗，謊稱公子卬赴會歸來，騙開城門，輕易地占領了吳城。隨後，秦軍乘勢大敗魏軍。魏軍主帥被擄，軍心一潰不可收拾，商鞅長驅直入，一直打到魏國都城安邑近郊。

魏惠王大懼，派大夫龍賈出城請降。龍賈勸商鞅說：「良鳥戀舊林，良臣懷故主。魏王雖不能重用您，但魏國是您的父母之邦，足下安得無情，何以一定要趕盡殺絕呢？」

商鞅沉思了一會兒說：「要我停戰也行，除非把河西之地割給秦國。」魏惠王只得獻出河西一帶的土地，匆匆忙忙遷都到大梁。

秦孝公獎勵商鞅之功，封為列侯，並將魏國商於十五邑賞給他。從此，原名衛鞅、公孫鞅號稱商君，後世稱之為商鞅正是為此緣故。

商場上，兵不厭詐，有些舊識靠的是關係，然而害人之心不可有，防人之心不可無，公子卬雖待商鞅至誠，然而商鞅卻辜負了他。這個故事或許讓我們對人性失望，但也警惕我們待人處世都需要謹慎，這並不是叫你不要相信他人，而是在與人交往的過程中，要知道什麼話可以說，什麼話不能說？逢人且說三分話，不可全拋一片心。

人總是會變的，當初可能和你生死相交，最後卻砍你一刀。當然我們也不要對人性失望，以為世界上所有人都是壞人，儘管我們不去陷害他人，卻難保他人不會因為更大的利益而損害我們。我們要做好人，也要做個懂得保護自己的好人。公子卬如果能對人性有更多的了解，事先看透商鞅的計謀，或許就不會吃虧了。

第三則

掌握事物的規律

遇事不被常規所束縛，應多了解事物的道理，或順行或應變，方能解決問題。

宋神宗熙寧年間，越州鬧災害，只見蝗蟲如烏雲般遮天蔽日，朝越州飛來，所經之處禾苗全無，莊稼顆粒無收，一片肅殺。

這時，趙抃被任命為越州知州。趙抃素以多智、愛民著稱，他一到任，首先面臨的便是救災問題。

越州不乏大戶人家，他們藏有大半年的存糧，吃飯沒有問題，然而老百姓青黃不接，大都過著半饑半飽的日子，一旦遭逢天災，便沒飯吃。災荒之年，糧食比金銀還貴重，一時之間，越州米價居高不下，大家都為了填飽肚子而傷腦筋。

面對此種情景，同僚下屬們都沉不住氣，紛紛來找趙抃，希望他拿出辦法，趙抃便召集僚屬，共同商議救災對策。

然而大家議論紛紛，沒個定論。但有件事是肯定的，那就是依照慣例，由官府貼出告示，壓制米價以救百姓之命。部屬說附近的州縣均已頒布告示，壓制米價，越州倘若再不行動，米價天天上漲，老百姓將不堪其苦，會起事造反的。

趙抃靜靜聽完大家發言，沉思良久，這才不疾不徐地說：「這次救災我想反其道而行，不出告示打壓米價，而是頒布米價可以自由上漲。」

「啊！」眾僚屬一聽，都目瞪口呆，先是懷疑知州大人在開玩笑，爾後看他認真的樣子，又懷疑大人是否吃錯了藥胡言亂語。

趙抃見大家不解，笑了笑，胸有成竹地說：「我已經決定了，這次就這麼辦吧！」

官令如山，大人說怎麼辦就怎麼辦。不過，大家心裡都直犯嘀咕：「這次救災肯定會失敗，越州將餓殍遍野，越州百姓要遭殃了！」

這時，附近州縣都紛紛貼出告示，嚴禁私漲米價。若有違反，一經查出，嚴懲不貸。而揭發檢舉私漲米價者，官府予以獎勵。而越州則是貼出不限米價、自由買賣的告示，米商聞訊都從四面八方而來，打算大賺一筆。

告示頒布了幾天，米價確實漲價不少，但買米的人看到米價上漲太多，量又這麼大，都紛紛觀望不買。

過了幾天，米價開始下跌，並且一天比一天跌得快。米商們想不賣再運回去，一則運費太貴，增加成本；二則他處又限制米價，運到他州，也沒有什麼利潤空間，只好忍痛降價出售。就這樣，越州的米價雖然比別的州縣略貴一點，但百姓有錢便能買到米。

而其他的州縣的米價雖然壓了下來，但百姓排了好半天隊，卻很難買到米糧。這次大災，越州餓死的人最少，反而受到了朝廷的嘉獎。部僚們這才佩服趙抃的計謀，紛紛來請教其中原因。

趙抃笑著說：「道理很簡單，依照市場之常性，物多則賤，物少則貴。我們這樣一反常態，告示米商可隨意加價，使米商蜂擁而來，然而吃米的百姓就那麼多，米價又怎麼會漲上去呢？」

趙抃明白商場的道理，物以稀為貴，他掌握了這個關鍵，然後反其道而行，進而達到他所預期的效果。我們處事、解決難題時，也要懂得事物的道理，順應而為，或反其道而行。

就像颱風過境，菜價上漲，有些人懂得適時選擇根莖類的食材，如此一來，不僅可以避開高漲的菜價，同樣能享用美食。等到菜價平穩了，再購買葉菜類，只要了解市場供需的原則，就不一定要在價飆的時機採買。有些人亦會在換季的時候採購上一季的衣物，也是相同的道理。「反其道而行」也是從「順其道而行」演變而來的。

透過事物的表象，掌握發展的規律，我們在日常生活中，也能多學習理解事物的道理，或許在遇到困難時，還能激盪出不同的火花呢！

第四則

成事不急於一時

遇到挫折要忍得一時的痛楚，積聚力量，日後再尋機會取得勝利。

范雎是戰國時期的魏國人，原本是魏中大夫須賈的家臣，曾經跟隨須賈出使齊國。齊王非常傾慕范雎的學識與才華，於是派人送上一些貴重的禮物，希望他能留在齊國任職，然而范雎推辭了。

不料，這件事被須賈得知，返回魏國之後，將此事稟報給相國魏齊。魏齊不分青紅皂白，就認定范雎將魏國的機密洩露給齊王。於是派人將他抓入監牢，嚴刑拷打一番，要他招供。范雎不招，被打得遍體鱗傷，一時氣絕，昏死過去。

魏齊見范雎昏死過去還不滿足，又差人將他用破席裹起來丟到一旁，打算讓他自生自滅。好在范雎命不該絕，天色暗下之時，他慢慢甦醒，見到離他不遠處有個獄卒正坐著打盹。范雎強忍疼痛，用微弱的聲音，把那人叫過來，對他說：「我是活不成了，你要是能讓我死在家中，我就把家裡僅有的一些金子都給你。」那獄卒一聽，馬上答應了。他按范睢所言，回報魏齊范睢的屍體已經發臭。魏齊也沒怎麼在意，便命他把范睢的屍體扔到郊外。

等到夜深人靜，那名獄卒把范睢帶出來，再將他安全地送回家中，范睢命家人拿出金子酬謝，又一再叮囑他，務必將那破蓆扔到郊外去。

等到獄卒離開，范睢還是覺得不放心，他心想：「魏齊為人陰險狡詐，他要置我於死地，肯定不會善罷甘休。如果對我的死感到懷疑，明天可能就到家裡來搜查，那樣我就再難活命了。」

范睢即刻令家人將他轉移到好友鄭安平家中，並囑咐了一些事，第二天，魏齊果然不放心，派人來到范睢家，見到范家正在為范睢辦喪事，全家哭哭啼啼的，這才安心。

范睢在鄭家調養了一段時間，身體漸漸復原。每當想起自己被魏齊毒打至昏死時，他都不由得膽戰心驚。他暗暗下定決心，一定要報這血海深仇。等到身體完全康復，他便改名叫張祿，隻身來到秦國，拜見秦王。

當時秦國昭王在位，勢力相當強大。但秦國內部問題重重：太后專制，「四貴擅權」，穰侯為了擴大自己的勢力，多次遠攻齊、魏。這些事情，范雎知道得一清二楚。

為了取得秦王的信任，他先是沉著謹慎，避免鋒芒外露，後來看準時機，才單刀直入向秦王擺明眼前形勢，並提出許多可行的建議。

秦王見「張祿」很有遠見卓識，非常器重他，封他為應侯。范雎提出的貶逐「四貴」和「遠交近攻」兩項建議，均被秦王採納，先收回了穰侯的相印，削弱了太后及其他貴族大臣的勢力，又撤回前去攻打齊國的軍隊，把韓國、魏國作為進攻的主要目標。

魏國得知這個消息，十分恐慌，立即派須賈到秦國求和。須賈到了秦國，才知道秦國的應侯「張祿」，就是起死回生的范雎，嚇得向范雎請罪。

范雎饒過了他，對他說：「你回去告訴魏王，讓他快把魏齊的腦袋送來，我還可以向秦王說些好話，不去攻打魏國。否則的話，我就親自帶兵攻打，到時你們可別後悔！」

須賈謝過范雎的不殺之恩，連夜回國，向魏王彙報，魏王答應了范雎提出的要求。

魏齊見情勢不好，出逃魏國，後來走投無路，被迫自殺了。

范雎正是忍辱負重，為了日後的東山再起，而受盡折磨。但最後他終究報了血海深仇。「君子報仇，三年不晚。」真正能夠成大事的人，不會倉促做決定，他們保有耐性，亦有堅韌的精神。

遇到挫折時，要先行忍耐。忍耐不是不肯面對，而是為了厚積實力，讓自己有東山再起的機會。

許多人在面對難關時，垂頭喪氣、意志消沉，以為已經沒有退路，認為天要亡他。上天從來沒有要毀滅一個人，通常毀滅一個人的，都是自己本身。

一念之間，就有不同決定，渡過那段掙扎的時光，蓄積實力，待時機來臨，就有發揮的機會了！當機會還沒降臨時，就好好沉潛，為東山再起做準備吧！

第五則

機會，只給準備好的人

機會也會挑選主人，接不住它的，就算得到它，它也會像皮球一樣，再從你的手中彈開。

曹操在官渡時，與袁紹交戰，由於袁紹的軍隊勢力相當強大，陣容堅強，曹操與他兵力懸殊，只能堅守等待良機。無奈軍糧告急，漸漸支撐不住，恐有失敗之虞。

就在這個節骨眼上，出現了一個意外的轉折——袁紹的謀士許攸因得不到袁紹的信任，反常遭其辱罵，遂藉與曹操有年少之誼，投奔曹操。

曹操喜出望外，竭誠歡迎，得知許攸的遭遇之後，便向他討教破袁大計。

許攸說：「糧草是軍隊的命脈，與敵對壘，勝負未分，有糧則勝，無糧則敗。現在袁紹的軍糧輜重，都堆積在烏巢，他派淳于瓊守衛，可是淳于瓊那傢伙是個酒鬼，疏於防備。您可選一些精兵，假稱是袁軍將領蔣奇，率部隊前去護糧，藉機燒毀他的糧草，那麼袁紹的軍隊自然不戰自亂。」曹操滿心歡喜，重重款待許攸。

第二天，曹操便選了五千軍馬，準備親自前去烏巢燒糧。部將張遼得知，連忙勸道：「烏巢是袁紹屯積糧食之處，難道沒有防備？丞相萬萬不可輕敵，況且許攸自袁紹處叛逃而來，不一定可靠。」

曹操笑道：「不必多疑。許攸來投奔於我，這是天要亡他。今天我軍糧將盡，難以堅持，若不採取許攸的計策，那便是坐以待斃。再說，如果許攸所言有假，他還肯留在我們營寨裡嗎？」

張遼又說：「那至少也要防範袁紹乘虛來偷襲我軍營寨。」曹操笑道：「放心！一切我都已籌劃好了。」

曹操傳令荀攸、賈詡、曹洪與許攸堅守大寨，並令夏侯惇、夏侯淵率一支軍隊埋伏於左邊，曹仁、李典率一支軍隊埋伏於右邊，以備不測。再命張遼、許褚將士在前，徐晃、于禁在後，曹操自己則居中帶領諸將，共五千精兵，打著袁軍的旗號，人人攜帶柴草，趁著黃昏，朝烏巢進發。

經過袁紹的幾處營寨，寨兵問是何部，曹操派人應對：「蔣奇奉命前往烏巢護糧。」袁軍見是自家旗號，不再盤查，一路無阻。

待曹操等人抵達烏巢，已是四更。曹操命士兵將柴草布於糧食周遭，下令放火。當時恰巧有支袁軍運糧返回烏巢，見到失火，急來救應。

探子飛報曹操：「袁軍已自我軍背後趕來。」眾將表示：「請丞相分兵抵抗。」曹操大喝：「大家只管向前進攻，務必將烏巢的糧草燒毀。等敵人咬到我們屁股，再回轉迎戰也不遲！」於是，官兵們拚力奮戰，大破烏巢，一時間，火焰四起，袁紹的糧草全被燒毀。

曹操接著一鼓作氣，向袁紹大軍發起全面進攻。但袁紹畢竟根基深厚，且兵多將廣，相比之下，曹軍仍然有一定程度的實力差距。

曹操手下謀士如雲，荀攸向曹操獻計：「我們必須分散袁紹兵力，才能各個予以擊破。」曹操問：「如何分散袁兵？」荀攸說：「我們可以揚言調兵遣將，一路攻取酸棗、鄴郡，一路攻取黎陽，斷絕袁兵歸路。袁紹聽到消息，勢必驚惶不安，必定分兵抵抗。我們可趁他調兵之際，出其不意，大舉進攻。」曹操聽了非常賞識，便依計而行。

袁軍探子聽得消息，趕緊報告袁紹：「曹操要兵分兩路，一路進攻黎陽，一路進攻鄴郡。」袁紹一聽大為震驚，這鄴郡、黎陽可是自己兵退河北的咽喉要地，如果這兩處有所閃失，那可真是死無葬身之地。

袁紹深知曹操用兵神速詭詐，不可等閒視之，況且剛被曹軍燒了烏巢，驚魂未定，豈能再被曹賊偷襲成功？袁紹急忙派袁譚分精兵五萬回去援救鄴郡，再派給辛明五萬精兵去支援黎陽，連夜進軍。曹操知袁紹已中計，便命令自家軍隊兵分八路，正面呈包圍形式衝擊袁軍的營寨。

袁軍剛分兵離開，留守士兵毫無準備，遭到襲擊，士氣頓失，狼狽逃竄。袁紹連披掛都來不及，穿著寢衣，匆匆上馬而逃。曹軍大將張遼、許褚、徐晃、于禁等四名將領急追不捨。

袁紹急忙渡過黃河，兵士們在渡口爭先恐後上船，被袁紹手下部將砍落水中的不少。而袁軍丟下的金帛、車輛，不計其數，最後只剩下八百餘名騎兵，逃回河北。曹操大獲全勝，徹底擊敗了袁紹。

這就是歷史上有名的官渡之戰，官渡一戰使袁紹元氣大傷，兵敗如山倒，究其原因是其誤聽誤信，致使兵力分散，正中曹操下懷，以致被個個擊破，最終落得慘敗下場。曹操兵力雖明顯不如袁軍且差距懸殊，但曹操卻憑著勇氣，大敗袁紹，因為他已做好了萬全的準備。

許多人總是期待機會，希望有朝一日能出人頭地，吐氣揚眉。但一旦機會來臨，卻又不知該如何把握？

沒有實力、能耐的人，就算天上掉下來一個絕佳的機會，也不一定能接得到，就算接到了，也無法持久。就好比參加歌唱比賽，千萬別以為自己歌喉很好，就興沖沖報了名，想要一展歌喉；就算音色甜美，但包含情感表達、歌唱技巧，都是評選的指標，演唱的實力是一次又一次的練習所累積而來。

務實的人懂得在平日就為自己做好準備，等待機會到來的那一剎時，便能顯現他們的實力，展露光華。

英國小說家喬治．艾略特說：「人類倘若不能把握機會，機會就會隨著時光浪潮流向茫茫大海裡，而變成無法孵化的蛋。」讓我們在見到寶貴的機會降臨時，都緊緊的把握它吧！

第六則

驕傲是勝利的敵人

滿招損、謙受益，成功者務必戒驕戒躁，認清自我，方能取得進步。

曹操自從收服關羽之後，將他奉如上賓。在與袁紹軍隊交戰時，袁紹的部將顏良出戰，連斬曹操兩員大將。爾後，關羽出戰，幾個回合便把顏良斬首，為曹操解了白馬之圍。

曹操大喜，正收兵準備後撤，忽然前方又報袁紹大軍前來報仇，領兵的正是袁紹手下名將文醜。曹操立即傳令，以後軍為前軍撤退，撤退時糧草在前，軍隊在後。眾將官、謀士們疑慮重重，不同意將糧草列於軍前，但曹操堅持己見，眾將士只得聽命，馱著糧草，沿著河塹至延津一帶，一路逶迤行進。

一行人由曹操親自在後軍指揮，忽然間前軍大亂。原來是文醜率領大軍衝殺過來，曹軍前面的押糧軍隊士兵們紛紛拋棄糧車，四散奔逃。曹操見此情景並不著急，他用馬鞭隨意指著一個山坡說：「此處可以暫時避一避。」曹軍人馬遂一齊奔向土坡。曹操又命兵士們解除甲衣，卸下馬鞍，將戰馬放到土坡下面。

這時文醜軍隊趁機奪得大批糧草，又見戰馬遍野，馬上下令軍士們搶馬。兵士們四散搶馬，剎時間人仰馬翻，文醜大軍亂了套。

「殺啊！」此刻，曹操高喊一聲，命令所有的軍隊乘機殺出，文醜才知中了圈套，只是大軍已經難再召集，文醜只得帶領數人，倉促迎戰，交戰之中，被關羽一刀斬下。

曹操再指揮全部人馬衝殺，把文醜等人殺得落花流水，一舉將丟失的糧草、戰馬如數奪回。這時謀士們才明白了曹操之意，利用驕兵之計，先引敵上鉤，再趁其亂，一舉反攻。眾將欽佩不已，稱讚他用兵如神。

曹操之所以能用兵如神，在於他掌握了對方將士的驕縱心理，營造條件，以便於誘敵上鉤，步入他早已設定好的圈套，從而大獲全勝。

驕兵必敗，這是不變的道理，驕傲會矇蔽我們的眼睛，讓我們錯判形勢，而無法看清真正的方向，就像文醜，如果他沒有帶著驕傲的心，又怎會敗於曹操手中？

驕傲的人有著強烈的優越感，對於那些不如自己的，看不上眼，而往往這些令他看不上眼的，往往是打擊驕傲的致命武器。卡內基曾經說過：「傲慢的人不會成長，因為他無法接受嚴正的忠告。」莎士比亞也說：「一個驕傲的人，結果總是在驕傲中毀了自己。」

第七則

時機，是不等人的

成功的機會往往是在剎那間的靈光一現，必須充分了解敵情，看準時機，搶先一步，方能奪下勝利。

三國時，賈詡是個很有智慧的謀士，張繡聽了他的計謀，打敗了曹操。荊州的劉表又應張繡之請，趁機起兵，要斷曹操的後路。可是在安眾一帶，曹操施展奇謀，打敗了張劉的聯軍。

此時，曹操的謀士荀彧在許都被圍，派人星夜飛報。曹操得到消息，傳令全軍即日回師。

張繡的探子得到資訊，即刻報知張繡，張繡打算率軍追殺。賈詡力勸：「千萬不要，如果此次前去追殺，我方必敗無疑。」旁邊的劉表不以為然，說：「今天不追曹軍，豈非白白喪失千載難逢的良機？」竭力勸告張繡率領部隊一同追擊。

如此，張劉聯軍追趕了十餘里，終於趕上曹操後衛。兩軍交戰，曹軍奮勇迎戰，張劉聯軍力感不支，難以抵擋，大敗而回。

張繡回來看到賈詡，面有愧色，懊悔不迭，對賈詡道：「當初沒聽從您的勸告，果然吞敗。」賈詡笑答：「現在可以出兵了，好好重整旗鼓，再去追殺曹軍吧！」張繡和劉表一聽，都大為驚詫，說道：「軍中無戲言。剛我軍才追殺失敗，怎麼現又要即刻出兵？」賈詡嚴肅地說：「今番追去我軍定獲大勝。如果不勝，請砍下我的頭顱！」

張繡相信賈詡之言，打算再舉兵前往迎戰，但劉表卻心有疑慮，不肯發兵同往。張繡只好獨自率軍前去追趕曹操。兩軍交戰，此次曹軍果然大敗，張繡信心滿滿，欲趕盡殺絕，忽然山後一支軍隊蜂擁而來攔住去路。張繡不敢戀戰，遂回師安眾。

對此劉表覺得莫名其妙，故問賈詡：「第一次我們以精兵追擊，先生說我軍必敗，結果果然敗下陣來；第二次張將軍以敗兵追殺勝兵，先生說此役必勝，結果果然勝了。兩次戰局都如先生所料，這是什麼道理啊？」

賈詡說：「將軍雖然善於用兵，但並非曹操對手。精通兵法的曹操雖然撤退，但為了防止追軍，必定將精兵強將部署在後。所以第一次追擊時，我軍雖然精銳，卻不足以抵擋他的勁旅，故知我軍必敗。而曹操之所以急於退兵，我估計必定是許都戰情有變，急待他回去處理，在他擊退我軍之後，必然輕車簡從，以火速趕回許都，未再做防禦對戰準備，此刻我軍乘其不備再予追擊，必定能取得勝利啊！」劉表、張繡聽了，都佩服得五體投地。

俗話說，智者千慮，必有一失。曹軍此次遭逢不測，在於敵軍已充分掌握了曹操的用兵方略後，趁其不防，攻其不備，因此才取得勝利。我們在做事時，也應全盤了解事情的走向、洞燭先機，便能從對手手中贏得勝利。賈詡便是逮到了時機，讓張繡一鼓作氣回擊，才有此次大捷。

在商場上，每個人都在觀察敵手的狀況，以從中找到優勢；但光靠判斷是不夠的，你不能等敵人壯大之後，再想將它消滅，而是要在敵軍還沒準備好之時，就給予致命的一擊。

成功和失敗，有時是一線之隔。奪得先機，便能締造出不同結果。這個「先機」需仰賴主事者對大局的全盤了解與精準眼光，更需擁有過人的膽識與勇氣，在旁人尚未察覺異常之時，先行下手。

在機會來臨時，每個人都有機會，誰能優先把握機會，就能成功。

第八則

巧妙運用心理戰

與其跟對手硬碰硬，不如利用心理戰術，出奇制勝。

宋真宗不久於人世之時，太子尚且年幼，李迪擔心會有意外，經常藉口為皇上祈禱消災，而睡在內殿，實則是為了保護年輕的太子。

當時有位八王爺名叫元儼，很有權勢，企圖奪取皇位，常常藉口探問皇上的病情，而留在皇宮內。李迪知道元儼居心叵測，對他懷有戒心，但苦於沒有理由趕走八王爺。

有一回，李迪看到內侍端著一個金杯走到面前，順口一問：「你所捧的金杯裡盛著什麼東西？你要將它呈獻給什麼人？」內侍回答：「這是八王爺要的開水。」

李迪看著那杯水，忽然心生一計，於是他拿了桌上的毛筆，把杯中的開水攪得黑乎乎的，內侍嚇了一跳，李迪卻說：「你就這樣拿去，若王爺怪罪於你，認為你投進毒藥，你大可請王爺喚御醫前來檢驗！」

內侍無奈，只好依言行事，他將這金個杯端給八王爺，元儼一看，嚇了一大跳，並沒有喝下那杯水。

不過他開始想到，自己在宮中逗留這幾天，難保飲食當中沒有人會下毒或企圖對他不利，於是匆忙離去。

離開宮中，他仍不放心，特意請了大夫診斷，醫生強調他並未中毒，可他還是驚疑不已，又唯恐自己的心意早已被識破，遭人盯上，於是打消了篡奪皇位的念頭。

「攻心為上，攻城為下。」李迪沒有和八王爺正面衝突，反而利用心理戰術讓他知難而退，可謂高招。

心理戰可以說是策略當中最高明的手段，不但要對戰局有全面了解，還需對敵手個性也有一定掌握，使人不費吹灰之力，就可以輕輕鬆鬆化解難關。

競爭時給對手造成打壓與心理衝擊，運用得宜的話，便能達到自己想要的成果。

第九則

糾正自己的缺失

面對挫折時，要調整自己的情緒起伏，不要讓情緒問題成為你的障礙，甚至可能拖累其他人。

三國時，桃園三結義的張飛，以性格急躁粗魯且威猛剛強著稱。他曾經單槍匹馬於當陽橋頭一聲怒吼，喝退百萬曹兵，可是這個急躁粗魯的張飛，也有細心的時候，並且因此降服了大將嚴顏。

事發於劉備向四川進軍之際，諸葛軍師撥了一萬兵馬，叫張飛先去奪取巴郡，然後再到雒城會齊。張飛帶兵出征，一路節節勝利直到巴郡，卻被巴郡守將嚴顏擋住了去路。

嚴顏是一位英勇善戰的老將，他見劉備大軍攻來，心裡早已打定主意：「打不贏就堅守不出。」所以張飛一到，他先出城交戰，見打不過便假裝敗走，進了城再也不出來，不論張飛怎麼叫陣都不出面迎戰。

張飛率軍連續攻打了好多天都沒法攻進城內，他派士兵輪番到城下罵陣，可是不論罵得多凶多難聽，嚴顏和守城將士就是不理不睬。張飛沒辦法只得吹鬍子瞪眼乾著急，不知道該怎麼辦？

但是張飛慢慢地冷靜下來了。他想，硬攻不行又沒法讓嚴顏出城交戰，看來只能用計將嚴顏引誘出城，再將他擊敗。

忽然心生一計：「我可派人去傳播一些假消息，假說我軍將從巴郡後方小路偷襲，引誘嚴顏趁機襲擊我軍大營，屆時假裝營中空虛，暗中設下埋伏，等嚴顏一到就別想逃出去了。」

打定主意，張飛便依計行事，嚴顏果然中計！他一聽張飛要來偷襲後方，一面派了重兵把守後方；一面領了兵士，悄悄出城，想要趁張飛軍中空虛，奪取他的軍糧。

誰知嚴顏才剛進了張飛大營，周遭便衝出許多伏兵大喊「捉賊」，嚴顏這才明白上了張飛的當！但為時已晚，沒戰幾回合便被張飛生擒活捉了。

張飛自認曾喝退曹軍人馬，認定遭逮的嚴顏必會嚇得在地求饒，於是傲慢的等候接見嚴顏的請降。

哪知嚴顏卻滿不在乎，昂頭挺胸，立而不跪。張飛一見，心頭火起，大聲喝道：「你都已成我的手下敗將被我活逮，難不成還敢抵抗？勸你盡早投降，我方可免你一死！」

嚴顏不卑不亢，厲聲回道：「這裡只有斷頭將軍，沒有投降鼠輩！」張飛氣得火冒三丈，令左右將嚴顏推出去斬首。而嚴顏不等眾人來抓便自己昂首跨步向外走。

張飛看在眼裡氣反而消了，敬佩之意油然而生，深深欣賞起這位勇猛不屈的老將軍。

張飛急忙上前拉回嚴顏，親自為他鬆了綁，並恭敬地說：「老將軍，您的英雄氣概真令人敬佩，剛才是我魯莽失禮了，請多多包涵。」老將軍嚴顏見張飛確實是誠心誠意的尊敬自己而深受感動，於是心悅誠服的投降。也因此劉備又多了一名勇猛大將。

個性不是壞事的藉口，知道自己的缺點更應該加以改正。不論是魯莽或是衝動，在大事之前都得按捺住急躁，戒急用忍，為大局著想。

人的天性無法壓抑，但我們能接受後天訓練，想成大事的人，必須要先穩定自己的心性，以免讓自己的情緒壞了大事。

第十則

事實勝於雄辯

任何謊言都經不起核對和推敲，只要依據事實進行縝密的推理，就能夠接近真相。

南北朝時，北魏的雍州太守李惠遇到一個相爭不下的案子，有個鹽販子背了一袋鹽，到雍州城去賣，恰巧遇到一個賣柴的樵夫也要進城，兩人就結伴而行了。

一路上，兩人談得倒也投機，快到雍州城時，兩人都累了，便在路邊的大樹下休息。但當兩人起身準備趕路時，卻為鋪在地上的一張羊皮相互爭搶起來。

兩人都說羊皮是自己的，為此發生口角，後來甚至動了手。正在難分難解互相糾纏之際，正巧有個差役經過，便將他倆帶到州府去解決。就這樣，兩人在互相拉扯中，跟著差役來到了雍州州府。

太守李惠讓他們把事情的經過講清楚，兩人互不相讓，爭先恐後，李惠讓他倆安靜下來之後，先請樵夫說話。

樵夫餘怒未消，氣呼呼道：「這張羊皮是我的。我每天早出晚歸，進山砍柴，冷了拿它取暖，背柴時拿它墊在肩上，多年來從未離身，沒想到今天碰到這個貪心之人，竟想將我的羊皮據為己有，請大人明斷。」

鹽販子聽完，氣得面紅耳赤。他向李惠作揖道：「大人，他一派胡言，我走南闖北，拿它背鹽已經五年了，誰想今天這麼倒楣，遇到如此無賴之人。早知這樣，我何必與他同行？」

兩人各持己見，互不相讓。堂上的差役們也都皺著眉頭，心想：「這種事情怎麼判啊？」

只見李惠聽完兩人的申訴之後，先讓兩人到前廳等候，自己則低頭沉思。過了片刻，李惠胸有成竹地對左右差役說：「這件事倒也容易，只要拷問這張羊皮就行了。」只見眾差役都愣在原地。

李惠又說：「只需要對羊皮拷打一番，就能知道它的主人到底是誰了。」眾差役聽後，更加疑惑不解了，大人這葫蘆裡賣的是什麼藥呀？

手下都覺得很奇怪，但憑李惠吩咐：「來人呀！把羊皮放在席子上，打它四十大板。」差役們差點笑出聲來，但不敢違抗命令。

只聞大堂之上，一陣「啪、啪」聲響，四十大板過後，李惠走上前拎起羊皮看了看，又看了看席子，滿意地說：「羊皮果然經不住拷打而招供了。」眾差役這時才恍然大悟，都暗自佩服李惠的才智。只見李惠轉身回到太師椅，坐定之後說：「傳他們上堂。」

鹽販子和樵夫來到堂上。李惠說：「本府已審問過羊皮，它說賣鹽的是它的主人。」

樵夫聽後，很不服氣地說：「大人，小民不服，羊皮怎麼能說話呢？」

李惠冷笑道：「大膽刁民，你看這席上散落的鹽屑，你又如何解釋？」

樵夫一看，知道再也無法抵賴了，馬上跪地求饒，承認自己一時貪心而犯錯。鹽販子也跪地叩謝李惠的英明決斷。

事實往往被隱藏起來，這時就需要透過調查以及嚴密的邏輯推理才能使其顯露出真相來。

我們在看事物時，第一眼只能看到表象，沒辦法知道真偽，而有心人士常常利用這一點故意設計我們，企圖混肴視聽。想要看透事情的真偽，就得去找出真相。凡走過必留痕跡，世上的真理是不變的。

就像樵夫，即使想要賴將不屬於它的東西奪去，終究無法逃避真相，從羊皮上掉下來的鹽巴就是最好的證明。

真相，只有一個。無論想要如何掩蓋，它終會浮現。我們在面對任何事情之時，都要保持清醒的頭腦，不要人云亦云，用邏輯去推理，並且縝密思考，使之真相大白。

以史為鏡 的 Smart Talk

- 深思熟慮：學會冷靜思考，不要衝動行事，因為深思熟慮可以幫助你做出明智的決策。
- 尊重他人：尊重他人的觀點和感受，建立良好的人際關係對於成功和幸福至關重要。
- 使用證據：在做出判斷和決策時，應該依賴可靠的證據和事實，而不是主觀偏見。
- 解決衝突：學會處理衝突，並尋求和平解決的方式，這有助於維護關係和達成共識。
- 誠實和認錯：在犯錯時要誠實承認，並願意為自己的行為負責，這對於個人成長至關重要。
- 智慧的選擇：在面對抉擇時，謹慎考慮長遠後果，而不僅僅是眼前利益。
- 多角度思考：不要只看表面，嘗試從多個角度看待事情，這有助於更全面地理解問題。

- 掌握解決問題的技能：學習如何系統性地解決問題，這對於在工作和生活中應對挑戰至關重要。
- 尊重權威：尊重權威和專業知識，但也要保持質疑和探索的態度。
- 溝通能力：培養良好的溝通技巧，包括聆聽、表達和協商，這在工作和人際關係中都非常重要。
- 靈活適應：學會適應變化，因為生活和工作都充滿了不確定性。
- 不斷學習：永遠保持學習的態度，不斷提升自己的技能和知識。
- 正確使用權力：如果你擁有權力，請使用它來造福他人和社會，而不是濫用或損害他人利益。

第九章

謹慎駛得萬年船

第一則

留心周圍的事物

觀察四周所發生的事情，不要因為事不關己就置若罔聞。

唐朝時，呂元膺出鎮岳陽時，有一次，他帶領手下走到江邊，見到路旁停著一個靈柩，旁邊是五個帶孝的漢子。呂元膺走上前，那幾個漢子看到他，神色顯得緊張，呂元膺覺得有點奇怪。

「過江啊？」呂元膺裝作打招呼，趁機觀察他們。「是啊！」漢子回答。呂元膺又問：「棺中是你們何人？」漢子們說：「是小人們的父親。」

呂元膺裝作同情，歎了口氣說：「唉，這也難為你們了，這麼熱的天去遠葬，孝心可嘉。哦，你們五個是親兄弟？」漢子們又點頭道是。

呂元膺見他們神情緊張，不肯多說話，套不出什麼來，心生一計，便道：「船來了，你們先上吧！」那幾個漢子有點遲疑，你望望我，我望望你，這神情更啟人疑竇了。

其中一個年齡稍長的漢子答道：「大人在此，應該先行。小人們有孝在身，不敢同船而行。還是請大人先過江吧！」

呂元膺聽後大笑：「死者為大，你們兄弟不必客氣，奔葬要緊，快上船吧！」漢子們見呂元膺堅持要他們上船，只得將棺材扛上肩，搖搖晃晃朝擺渡船走去。

呂元膺仔細觀察，照理來說，一副棺材並沒多大重量，可這幾個壯漢卻扛得如此吃力，裡面定有詐。

於是，他命手下前去裝作放跳板，待漢子們踏上跳板之後，悄悄一移，只見眾漢子站立不穩，把棺材翻至江邊，連棺材蓋板也掀了起來。呂元膺帶眾人上前一瞧，只見棺內並無遺體，而是整整一棺兵器。他大喝一聲：「拿下！」那幾個漢子只能束手就擒。

經過審訊，原來這幫孝子是假，強盜是真，他們打算過江搶劫一批貨物，假裝送葬以免擺渡艄公懷疑。

他們還供出幾十名同夥，已約好在對岸集合，待兵器一到手便行動。呂元膺即令發兵，悄悄過江，將那幫盜賊一網打盡。

呂元膺沒有因為事不關己，就忽略了這幫人馬，而事件的發生，往往有蛛絲馬跡可循，多一份關心就少一分危險發生。

比如說，一個人拿著手機，站在銀行提款機前神色異常，我們可以請銀行人員去關心一下，說不定就破解了詐騙；獨居老人若是超過兩日沒見，得考量是否可能因病在家，無法出門，透過我們的關心，說不定可以救得老人一命。

凡事都有徵兆，我們在日常生活中，可以多觀察周遭的人事物，用心關懷這個社會，不讓憾事發生。

第二則

觀察細微，趨利避凶

觀察細微的事物，就能找出其中奧妙。利用觀察出來的結果去改善生活，讓我們過得更平安。

西晉時，王戎當了宰相。他知人善任，體恤民情，所以他為官之時，頗得當地民眾和地方官的擁戴。王戎出生於書香世家。他小時候很聰明也很頑皮，常常和尋常百姓家的孩子外出遊玩。

有一次，他們到臨沂城郊玩，幾個小夥伴玩得起勁，眾人看到大路旁有棵李樹，一下子都跑了過去，一個個仰著紅通通的小臉，望著滿樹金黃透紅、紅中帶紫的李子，都饞得不得了，爭著爬樹摘李子，只有王戎站著不動。

其他小孩覺得很奇怪，問：「王戎，你怎麼不爬樹呢？」王戎說：「這李子是苦的，不能吃。」

孩子們哪裡肯聽，爬上樹的小孩很快從樹上爬下來，採著十來顆李子，分給其他小孩。當大家拿著紅豔豔的李子咬了一口，便立刻吐了出來：「哎呀！真苦呀！」他們紛紛問王戎：「你怎麼知道這李子是苦的？」

王戎說：「這棵李樹如果生在深山，毫無疑問是甜的。但它生在大路邊，如果果實是甜的，早就被過路人採光了。」孩子們都佩服王戎的推理。

這時，旁邊一位白髮老翁聽了，笑咪咪說：「這是一棵野生的李樹，苦李子不能吃。」老翁的話更證明了王戎的判斷正確。

王戎透過觀察及推理，知道李子是苦的。而我們在日常生活中，也別輕易被事情的表相所迷惑，要細心觀察，方能趨吉避凶。

因為細心，能在災禍來臨之前，先把問題排除；因為觀察，所以那些蛛絲馬跡，可以在最快的時間浮現。俄羅斯小說家岡察洛夫說過：「將觀察與經驗和諧地應用到生活上就是智慧。」

多多關心、留意我們生活周遭所發生的一切，發揮敏銳度，便能為我們提供一個更好的生活環境。

第三則

不要只看表象

處事之前，先要用心思考，以理智來判斷，以客觀事實為基礎，不要忽略細節。

宋朝的時候，福州某條街上，有一趙姓人家，早上來了一位不速之客。只見一位老者不斷敲打著趙家大門，趙家人一開門，他便硬闖了進去，見物就砸，見人便打！

趙家人一細看，才知是街鄰錢老爹。看看被砸壞的家當，趙家人忍無可忍，遂一起上前揪住錢老爹。誰知這老頭像瘋了似地拚死反抗，仍是又砸又打。趙家人一氣之下就要揍他，不料剛一動手，老頭忽地倒地身亡了！趙家見出了人命，一時之間嚇得不知所措！

且說錢家人早晨起來未見父親，急忙去尋，錢家兄弟卻在趙家，見到父親已死，痛哭了一陣，便揪住趙家人去知府打官司。

這幫人哭哭鬧鬧來到府衙，知府王臻詢問案發經過後，知道趙家和錢家因雞毛蒜皮之事積怨很深。據錢家老大講，他前幾天路經趙家門口，被髒水滑倒，就指桑罵槐的發洩怨氣。後來趙家人也出來對罵，因氣不過他動了手，但見趙家人多勢眾就逃回家，父親定是知情之後，上門找趙家理論，而被其打死。

「鄰里之間應和睦相處，你們竟然鬧出人命，實在不應該！」王臻聽完訴狀之後說。趙家人雖覺老頭死得莫名，可又實在找不出父親被害的證據，因為錢老頭確實是闖入趙家打架而死的，便只好自認倒楣。王臻見趙家供認不諱，便將他們押下，待驗傷後再作了斷。

驗傷官很快遞交報告，王臻閱後覺得此案有疑，因為光從錢老頭身上的傷勢看來，不足以導致死亡。

王臻速傳錢家，就其父找趙家理論經過，逐一詳查細問。錢家人回答得語無倫次，重要情節上又吞吞吐吐，而且個個神色恐慌。

王臻思考了一段時間，便對此案有了明斷。王臻正色說道：「本官手中的驗傷報告證明，你父親的死另有他因，還不速速從實招來，以免受皮肉之苦。」

最後，錢老二道出了真相，原來錢父年老多病，聽到兒子被打，加上數年的仇怨，竟想出了一條計策，由他先服下一種毒藥草，然後去趙家尋事，激趙家人動手，並算準時間，在藥性發作時死於趙家，便可告其殺人罪。此計家人極力反對，卻不想錢父卻一意孤行。

案情查明後，王臻的判決為：釋放趙家人，罰其數兩白銀，作為錢父的喪葬費。

趙家的行為足不可取，知府王臻沒有因為事情的表象，就把趙家人判罪，而是追根究柢，找出事情的真相，姑且不論案件是否人命關天，任何事情都應該用嚴密的思維來推斷，才不會錯過真相。

事情往往有正反兩面，當我們在看待事物時，若能同時正反向思考，就可以避免懊悔，同時也不至於錯怪。

待事可疏忽、可嚴謹、可輕怠、可認真，結果自是大不同，糊塗官不少，卻也不乏王臻這樣的清明好官，只要我們在面對任何事的時候多思考再做決定，也就無愧於心了。

第四則

謹慎駛得萬年船

凡是做事謹慎小心者，必定先謀求安全的方法，想清事理，再去執行，就不至於犯錯。

鄭國的南面是楚國，楚國是個大國，總欺負比自己弱小的鄭國。後來，鄭國的大夫公孫段決定把自己的女兒許配給楚國的公子圍，公子圍也答應了。鄭國人以為鄭國成了楚國的親戚，就不會再受楚國的欺負了。

然而鄭國的相國子產可不這麼想，他認為楚國不會為了一個女子，就放棄消滅鄭國的野心，所以仍然提防著楚國。

過了些日子，楚國通知鄭國，要派大隊兵馬到鄭國迎親。鄭國人歡天喜地，準備迎接楚國的迎親隊伍。子產心想，迎親就迎親，何必要派那麼多兵馬前來呢？楚國一定不懷好意，想假借娶親的機會，攻占鄭國的都城。於是，他立刻埋伏好人馬，防止敵人偷襲。

沒過幾天，公子圍果然親自率領迎親隊伍來了。他迎親是假，想藉機打敗鄭國是真，所以這次帶來不少精兵強將。

這一隊人馬到了鄭國都城下，見城門緊閉，都大吃一驚。正在納悶時，子產派了一個名叫子羽的大臣出來見公子圍。

子羽說：「我們鄭國城小，你們迎親的人數太多。所以請你們就別進城了，婚禮就在城外舉行吧！」

公子圍一聽，火冒三丈，氣呼呼地說：「婚禮在野地舉行，真是天大的笑話。你們不讓我進城，這不是讓天下人笑我們楚國無能嗎？」

子羽想起子產囑咐自己的話，就板著臉，不客氣地說：「真人面前就不說假話了。你們真是來娶親的嗎？我們國小不是錯，但如果因為國小就想依賴大國，自己不加防備，那可就錯了。」

公子圍驚訝地問：「你這話是什麼意思？」子羽直截了當地說：「我們和你們楚國結親，本來想兩家友好做為結盟。可你們心眼兒太壞了，想趁機攻打我國，還以為我們不知道嗎？」他說著，指了指楚國的軍隊。

公子圍聽著，心虛地低下了頭。他見鄭國已有準備，只好放棄偷襲計畫，對子羽說：「你們要是不放心，我讓我的士兵把箭袋倒掛著進城好了。」子羽把這番話報告給子產。子產這才答應讓公子圍進城。

最終楚國士兵不帶武器，倒掛著箭袋，跟著迎親隊伍規規矩矩地走進了城。這件事，如果不是子產早有預見，鄭國一定要吃大虧。

古人云：「小心謹慎者，必善其後，暢則無咎也。」凡事謹慎，有益無害，即使事前看來似乎是浪費時間，但如果可以因為這樣的準備，而免除災禍，那這點準備也不算什麼了。

因為不夠謹慎而失敗的例子比比皆是，別讓我們成為其中之一。小則損失身外之物，大則損失寶貴性命。就像乘車必須繫上安全帶，這是人人都知道的事情，但有些人卻輕忽這小小的動作，而造成生命損害，我們三不五時就會看到這種新聞。

愛．科克說過：「事前謹慎總比事後補救強。」如果多點謹慎，也就不用亡羊補牢了。在做事之前，一定要考慮周全，以免不必要的損失。

第五則

危機不會只出現在眼前

不要憑一時的衝動做事，凡事量力而為，瞻前要顧後，才能在處理事情時收到好的效果。

春秋時期，吳王想出兵攻打楚國。大臣們都極力勸阻，說：「楚國國力正盛，現在的我國還不足以與之交戰，望大王三思而行。」

吳王一心想稱霸天下，哪還聽得進勸諫？他拔出寶劍，厲聲說：「我已經下定決心了，誰再敢勸阻，我就把他碎屍萬段！」嚇得大臣們不敢開口了，但心理又急，都不知如何是好。

而在王宮裡，有個年輕的侍衛很有想法，他認為這次出兵並非正義之戰，肯定要吞下敗仗，但又不敢對吳王直言。他想了好幾天，終於想出一個辦法。

隔天一清早，他走進王宮的後花園。手裡拿著一把彈弓，轉到東、轉到西，連衣服被露水打濕了也毫不在乎。就這樣，他在那裡轉了三天。

吳王見了，覺得很奇怪，就派人把侍衛叫到跟前，問：「你為什麼老在花園裡走來走去，還把衣服都弄濕了呢？」

侍衛恭恭敬敬地說：「報告大王，我正在觀察一件挺有趣的事呢！花園裡有一棵樹，樹上有隻蟬，牠在樹的高處喝著露水，並得意地鳴叫，卻不知有螳螂藏在牠的身後，正彎著身子，舉著前爪，準備撲上前去呢！而那隻螳螂也完全沒有料，在在牠的身後有一隻黃雀，正悄悄地伸長脖子，想吃掉牠！至於那隻黃雀也根本沒發現，我正拿著彈弓，瞄準著牠呢！」

吳王笑道：「確實很有趣。」

侍衛清了清喉嚨，又說：「尊敬的大王，蟬、螳螂、黃雀只想到牠們眼前的利益，卻沒考慮到隱藏在身後的危險啊！」

吳王沉默了一會兒，恍然大悟，原來侍衛在用寓言來巧諫，想讓他打消進攻楚國的念頭。他笑笑說：「你講得很有道理。」於是取消了攻打楚國的計畫。

「螳螂捕蟬、黃雀在後」這個故事提醒我們，人不能只看眼前，而要考慮到身後的危機。

在這個世界上，處處充滿危機，往往在我們不自覺當中，悄悄的降臨。當你把所有的注意力都擺在眼前時，哪還有餘力去顧及後頭？做事不僅要就眼前的事物全盤的分析，更要注意有沒有人對我們虎視眈眈。

「鷸蚌相爭，漁翁得利」也是同樣的意思，當你和對手拼個你死我活，哪曉得早就被有心人看在眼底，處事要多方考慮，不能只顧眼前。

不論眼前擺放的是危機，或是利益，都要「眼觀四面、耳聽八方」，為自己注意安全，才能立於不敗之地。因為你永遠不知道，自己究竟是黃雀，還是那個拿彈弓的人呢！

第六則

留點思考的空間

思考使人成熟，思考使人睿智。只有經過深思熟慮，行動才會變得容易，才能提高辦事的效率。

宋仁宗時，盛度擔任翰林學士兼史館撰修，偶爾幫皇上起草文字。仁宗自幼讀書用功，文思敏捷，最看不慣半天才琢磨出一句話的文臣，每次讓人代寫詔令，都要當他的面完成。而盛度循規蹈矩慣了，做文章慢吞吞的，反覆修改，自然也不合仁宗的胃口。

這一年，長久乾旱，數月內幾個大州郡都不見雨滴。旱情傳到朝廷，仁宗決定效法前代聖王，下詔自責，以求上天普降喜雨。為此，他令太監傳來盛度。

盛度參拜已畢，仁宗則說出本意，盛度領旨，就要下去撰寫。仁宗一擺手，說：「愛卿就在這裡起草吧！」說著，他指著旁邊的几案，「這樣，朕可隨時與你商酌，省得來去呈送不方便，又費時間。」

這下子可讓盛度為難了，他一向文思遲緩，再加上在皇上面前，心情緊張，倉促之間怎能寫得好？但皇上有旨，自己不得違背，究竟該怎麼辦才好呢？

他靈機一動，啟奏道：「臣身體肥胖，趴在几案上，會喘不過氣來。懇請陛下找人抬高桌來，臣才好寫。」仁宗一聽，覺得有理，就讓太監們去搬高桌子。

其實盛度是趁這個機會，想辦法爭取時間，趁這個空檔，忙在腹中打草稿，先想想前代史書《罪已詔》的格式，又挖空心思，想了幾個典故。等桌子找來時，腹稿也已有了，於是展紙磨墨，一揮而就。

仁宗見他寫好詔令，令太監取來觀看。但見文筆流暢，引經用典，仁宗看了大加誇獎，直說：「盛愛卿才思敏捷，文章一揮而就。」盛度趴在地上叩頭謝恩，偷偷擦去額上冷汗，哭笑不得，歎了一口氣。

盛度想辦法為自己爭取了思考的時間，在落筆之前，先打好了腹稿，因此做到了一揮而就。雖是有點無奈，但也不愧是明智之舉。

同時從這個故事我們可以看到，盛度雖然發急，但他還是很有邏輯的為起草作準備，幸虧他飽讀詩書，熟記典故，再加上這詔書早有範本，他只需將範本更改內容，結構不變，立刻可以揮灑自如。

遇到難題，不妨先冷靜下來，給自己一個思考的時間，不用倉促作決定。沒有經過縝密的思考而做的選擇往往都不太完善。

思考，是上天給人類最珍貴的禮物。卡曾斯說：「把時間用在思考上是最能節省時間的事情。」克柳切夫斯基也說：「善於思考的人思想急速轉變。」可見思考對於人的重要性。

第七則

流言止於智者

生活中，難免會遇到搬弄是非的小人，讓人不得不提防。最好的方法就是對所言親自查證，才不會落入陷阱。

秦武王向來野心勃勃，想完成統一天下的大業。有一天，他召集左丞相甘茂、右丞相樗里子，共同商討攻打韓國之事，並詢問哪一個丞相願意帶兵出征。

甘茂說：「要攻打韓國，必須聯合魏國才有力量。我可以前去遊說魏王，請他給予協助。」秦武王同意了甘茂的建議。

甘茂很有口才，很快說服魏王，一起發兵攻韓。可是他擔心樗里子這個小人，會在秦武王面前做小動作，到時攻韓不成，恐怕還會丟了性命。於是派人向秦武王稟報，故意說：「魏王已經同意出兵，但我們是不是改變主意，放棄攻打韓國為好？」

秦武王百思不得其解，他找到甘茂，問他為什麼改變了主意？甘茂說：「要戰勝韓國，並不是一件輕而易舉的事，要消耗很多財力，也不是幾個月就能結束戰爭的。如果中途發生了什麼變故，那不是前功盡棄嗎？」

「有你主持帶兵打仗的一切事務，還擔心什麼變故呢？」秦武王不以為然。

甘茂笑了笑，說：「但事情的發展，總是難以預料的。歷史上有過這樣一件事：一個跟孔子的門生同名同姓，也叫曾參的人殺了人，聞訊有人去報告曾參的母親說：『曾參殺人啦！』曾參的母親正在織布，聽了頭也不抬的回：『我的兒子是不會殺人的。』過了一會兒，又有第二個人來報告：『你兒子殺人啦！』曾母仍舊不相信兒子會殺人。這時，第三人又來說：『曾參殺人，犯了大罪，官府來捕人啦！』這次曾母相信了這個謠言，嚇得扔下梭子躲了起來。」

「左丞相對寡人講的這個故事，和出兵奪取韓國又有什麼關聯呢？」秦武王不明白甘茂葫蘆裡賣的是什麼藥。

「道理很簡單，」甘茂解釋說，「如果我率領千軍萬馬，離開大王身邊去攻打韓國，說我壞話的人，一定大有人在，萬一大王也像曾參的母親聽信讒言，那麼我的後果想必可悲，且不說其他，光是奪取韓國的大業一定也會付諸東流了。」

秦武王想了想說：「為了讓你帶兵作戰沒有後顧之憂，我保證絕不聽別人的閒言碎語，你如若不信，我可以給你寫個憑證。」

接著，秦武王和甘茂訂了一個盟約，就藏在息壤。甘茂被拜為大將，領兵五萬，先打宜陽城。

沒想連續攻打了五個月都沒能把城攻下來，右丞相趁機說：「甘茂拖延這麼長的時間，莫非要搞兵變或投降敵人？」秦武王經不住右丞相的挑唆，下令甘茂撤兵。甘茂遂派人向秦武王送去一封信，上面只寫著「息壤」兩個字。

秦武王拆開一看，知道自己輕信饞言，動搖了攻韓的決心，覺得很對不起甘茂。於是增兵五萬開赴前線，終於攻下了宜陽城。

甘茂預料到自己可能會受到他人的攻擊，提前警醒了秦武王，免除了自己的後顧之憂，得到了秦武王的信任和支持，最終攻下宜陽城。

防人之心不可無，就算自己行得正、做得端，還是免不了有些人為了自己的利益，而做出傷害我們的事。

我們要當好人，同時，也要當個懂得保護自己的好人，畢竟人心險惡，在外面闖蕩江湖，做任何事之前，都要先懂得保護自己。如果有人想汙衊我們的清白，最好的自保方式，就是潔身自愛，從不做不該做的事，對方提不出證據，也就沒輒了。

但仍有些耳根子軟的人，旁人一挑撥，就輕易相信上當，我們除了行得正、做得端，辟除謠言也是一個方法。

有人會說「無風不起浪」，也有人說「空穴來風」，三人成虎，真真實實、虛虛假假，面對流言的時候，最好的方式就是去查明事情的真相，而不要輕易相信。如此，才能斬斷流言。

第八則

資訊的可信度

在現在這個資訊氾濫的時代，如何辨別消息真偽，就要從我們判別事務的能耐開始訓練以達到精準。

戰國時期，周王室日益衰微，不僅周天子的號令對諸侯毫無作用，王室內部的爭權奪位也愈演愈烈，最後竟把少得可憐的封地一分為二，各立新君，稱之為東周和西周。

西周的大臣昌他有心爭奪王權，不料事跡敗露，他擔心會招致殺頭之禍，遂在事發前叛逃到東周。

當時，東周王也想擴大自己的疆域，與西周爭雄，便把昌他奉為上賓，打算委以重任。

昌他一方面要借東周保護自己性命；另一方面更想利用東周打擊西周，報復西周王。因為他熟悉西周所有機密情況，將軍國大事一一向東周王訴說，指出滅亡西周並非難事，還為東周王出謀劃策，做好待機進攻的準備。東周王大喜，對他言聽計從，不論昌他說什麼都一一照辦。

昌他叛逃，而且還是逃到敵對的東周，使西周王恨得咬牙切齒，若不除掉這個心腹之患，他一日也不得安寧。

西周的大臣馮且，見到西周王為昌他叛逃一事，寢食不安，便進宮安慰道：「大王不必為昌他憂慮，臣有辦法為王室除掉這個叛徒。」

西周王欣然說：「先生能為王室除掉叛臣，孤願舉國聽命，不知先生要調用多少軍隊車乘？」

「不需要大王勞師動眾，臣只要寫下一封書信，昌他不日即可人頭落地。」馮且輕鬆地笑了笑，胸有成竹地說。西周王雖有疑惑，但還是信了馮且。

馮且回去之後，收買了一位往來於東周及西周做生意的商人，囑託他帶給昌他一封密函，上面寫著：「事若辦妥，當速引兵入境。若急切不能成事，可趕快回來。事不宜遲，拖久恐敗露，性命難保。」商人走後，馮且又派人將此一祕密故意透露給東周邊境的守將，密告今晚有西周奸細扮作商人進入東周。

東周守將聞報不敢大意，仔細檢查來往人士，當晚果然在邊境上抓住了那個給昌他送信的商人，搜出了那封密函。

東周王看了馮且寫給昌他的信，認定昌他是西周派來的間諜。為防止他設法逃跑，立即下令把他殺了，為西周除去心頭大患。

東周王輕信傳言，中了馮且設下的反間計，損失了一個可能打敗西周的機會。我們對於獲得的資訊，往往忘了檢視其真偽，時局的成敗正取決於資訊的正確與否。資訊是否正確，比取得資訊一事更為重要，雖然這兩者均非易事，但要想做大事，就不能犯下這個錯誤。

像現在網路普遍，想寫篇專業文章，上網搜尋，可以輕易查到上百篇相關資訊，但若未能詳加檢視資訊的正確性就輕易套用，反而會貽笑大方。我們在收集資訊的同時，更應該要注意資訊的真偽度，最好的方式，就是訓練自己具備明辨真偽的能力，不要聽到什麼消息，就全盤接收。

聰明的人善於理性分析，愚蠢的人將聽信傳聞作為決策的依據，取得資訊的同時，千萬記得要懂得分辨消息的真偽。

第九則

隨時提高警覺心

「位極者高危，自守者身全。」樹大招風，想要明哲保身，還是要提高警覺，免得遭人陷害。

郭子儀自從平定安史之亂，軍功顯赫，威極一時，他被封為汾陽王，大家都很敬重他。

但在年紀大了之後，他開始沉湎於笙簫歌舞之間，不但姬妾滿堂，絲竹不絕。有時難免有客人來訪，郭子儀還請他們進入內室，並且命姬妾伺候。

其子女認為父翁身為國家大臣，此舉並不妥當，不知向他勸諫了多少次，郭子儀嘆氣道：

「唉！你們不曉得，一個人要是位高權重，難免會引人妒嫉。現在我可以說是位極人臣，親人受我蔭祿者不下千人，真是受盡恩寵。但誰能保證沒人在暗中算計我們，扯我們的後腿？一旦被抓住把柄，告上一狀，那豈不是大禍臨頭？現在我是『無事不可對人言』，無所隱私，那麼他人就無可藉口了。」子女們覺得他的話也有道理，也就不再多說。

有一天，盧杞前來求見。盧杞為人狡詐，又忌能妒賢，顏真卿、張鎰等人都被他陷害過。而且他「貌陋而色如藍，人皆鬼視之」，看到他的人，無不睜大了眼睛。

這一次，郭子儀摒退姬妾，只叫孩子們來禮見，和盧杞所談的也不過是些瑣碎家常，未及國家大事。等盧杞走後，孩子們為此請教父親。

「這你們又不懂了。」郭子儀說，「我是在避免將來的災禍啊！今天來的盧杞長相奇醜，個性又驕悍，若是妻妾見了，肯定會忍俊不住。若盧杞因此記恨在心，豈不是惹來麻煩？我之所以摒退姬妾，只把你們叫來，就是為了免除這個災禍啊！」

聰明的人都明白居安思危的道理，尤其是在封建王朝時代，隨時都有可能出現把刀架在官員的脖子上，這也難怪郭子儀如此謹慎。

太過安逸的環境，會讓人惰怠，但我們別忘了，還有強敵虎視眈眈等著將我們消滅。一個成功的人，即使已經達成目標，也不會志得意滿，因為他明白必須時時保持警惕，免得被他人超越。

郭子儀讓我們明白即使已經封王，也不能因此懈怠，四周還有許多危機，想保護自己，就不能沉溺於安逸而失去警覺性，得隨時提高戒備。莎士比亞曾說：「淌著眼淚的鱷魚，藉著裝出一副可憐相，反而把善心的過路人騙到了嘴裡。」這就是在提醒大家警覺性的重要。

第十則

凡事多想幾步棋

遇事先花時間分析所有利弊，評估自己能否承受風險，便能為自己帶來滿意的結果。

秦始皇一統天下之後，便刻了一塊玉璽，當傳達詔令時，這塊玉璽便蓋印在封泥上，作為憑證，其後世代相傳，玉璽便成為取得皇位的憑證。

元末時，朱元璋起義，元順帝敗走，他攜帶玉璽潛入大漠，自此中原失傳此玉璽。

明代時，梅國楨總督西北軍務時，北方韃靼部落的首領得到了這塊玉璽，興沖沖地趕來見梅國楨，說：「當今的皇上聖明，玉璽失而復現，請代為上報朝廷。」

梅國楨說：「你先把玉璽拿出來看一下是真是假。」韃靼首領說：「此玉璽是歷代皇帝承受天命主宰中國的象徵，我怎能隨便帶在身邊呢？我這裡有蓋在黃絹上的璽印，請呈給皇上以辨真偽，然後我再隆重獻上。」說著，便將那塊黃絹拿了出來，讓梅國楨過目。

梅國楨沉吟了一下表示：「我們聖上不缺國寶，你那塊玉璽縱然是真的，也沒多少用處，我不敢將此事輕率上奏。念你一片好意，賞你黃金一錠，連同你的黃絹一同帶回去吧！」那首領一聽，大失所望，悻悻然走了。

那首領一離開，手下的人便說：「這玉璽復出，乃是祥瑞之事，您怎麼不報告聖上，而這樣將他打發走了呢？」

梅國楨說：「王者擁有天下，在於有德，而不在手上是否握有什麼寶器。那異族首領將此玉璽視為奇貨，我若貿然上奏聖上，便是給異族首領要脅我的本錢，若聖上下旨來要，對方趁機以此要脅，我們又該怎麼辦呢？」手下人這才恍然大悟，都佩服梅國楨的遠見卓識。

梅國楨善於分析敵人的舉動，看透了他們的用心，巧妙處理，避免使自己陷入兩難，避免受人要脅。

人生在世，很有可能一不小心，就落入陷阱，或成為別人的棋子，受制於人。必須具備如獵鷹般銳利敏銳的洞察力，以識破對方的詭計並機智應對。

行事應有遠見，不能只看眼前的表象，凡事需要深思熟慮，才能駛得萬年船。

好比下棋，為什麼對弈的兩方每下一步都要思考良久？因為他們必須把所有的可能性都想一遍，才不會讓自己陷入困境。人生如棋，變幻莫測，我們想安穩餘生，就得替自己多想幾步。

思考，是最值得投資的時間，遇事多動腦，便能為我們免除不必要的災禍。

以史為鏡的Smart Talk

- 明智的判斷和謹慎的行動：梅國楨在面對韃靼首領提供的玉璽時，沒有盲目接受，而是謹慎地要求檢查真偽。這提醒我們，在重要的決策和交往中，要有明智的判斷，不要輕信對方的陳述，並謹慎行動。
- 謹慎選擇朋友：選擇和交往的朋友對你的價值觀和生活方式有很大影響，應選擇正面影響力的人。
- 善待他人：待人要真誠友善，建立良好的人際關係，這有助於生活和工作中的合作和協調。
- 不要輕忽細節和可能性：東周王的守將因為細心檢查來往人士，發現了間諜，這表明細節和可能性的重要性。在決策和行動中，我們應該仔細考慮各種可能性，不要忽視任何細節，以確保做出明智的決策。
- 避免引起不必要的糾紛：郭子儀在招待盧杞時避免引起不必要的糾紛，儘管盧杞有不受歡迎的外貌和性格。他的行為反映出避免無謂的沖突和麻煩是一種明智的舉措。我們可以學習在交往中保持冷靜，不輕易引起不必要的爭執。

- 做聰明的金錢管理：理性管理財務，避免浪費和過度消費，建立穩健的財務基礎。
- 聆聽別人的建議：開放心胸，願意接受別人的建議和意見，有助於成長和改進。
- 保持彈性：生活充滿變數，應保持彈性思維和應變能力，以適應不同情況。
- 善用時間：有效管理時間，平衡工作、娛樂和休息，以提高生活品質。
- 保持紀律：設定目標並堅持追求，這有助於實現長期成功。
- 理解人性：了解人性的複雜性和不確定性，尊重不同觀點和文化，有助於更好地與他人相處。

第十章
自立自強，走向成功

第一則

心胸豁達大丈夫

一個胸懷大志的人，不會計較雞毛蒜皮的小事，成大事者要不拘小節，他們縱觀大局、行大仁義。

劉邦滅了西楚霸王項羽，平定天下，登基做了皇帝。登基之後，其中一件事就是論功行賞，大封群臣。

劉邦首先加封了二十多名大功臣，公布了他們的名字。之後，諸位將領都覬覦王侯的位子，相互爭功。這使得劉邦左右為難，封了這個，另一個功勞也不小；封了另一個，這個也不能不封。拖延了很久，第二批名單始終沒有公布。

過了好一陣子，封賞一事不見動靜，將領們不安了起來，有的埋怨劉邦是不是忘了交情，換了位置就換了腦袋？有的人則是想到從前做過對不起劉邦的事，擔心劉邦記恨，要治他們的罪。害怕了的人甚至勾結起來，圖謀叛變。氣氛一片詭譎。

這天，劉邦站在洛陽南宮的天橋上欣賞風景，看見底下將領三三兩兩，像是在祕密討論著什麼事情，他感到奇怪，派人叫來張良，問他發生了什麼事。

張良說：「陛下不知道出了什麼事情嗎？他們是在謀反呀！」劉邦聞言，大吃一驚，他覺得很奇怪：「天下已經平定，我正要論功行賞，他們為什麼要造反呢？」

張良回答說：「陛下有所不知。您是出身平民，如今取得天下，應該想方設法安定人心才是，但您所分封的功臣都是您的親信、同鄉，大家為陛下征戰多年，只盼著能立功受賞，封妻蔭子。如今遲遲不見動靜，他們擔心您還記著他們的過失，只好商量謀反。」

劉邦嚇出一身冷汗，問張良：「那我該怎麼辦呢？」張良反問：「在這些功臣當中，您最恨誰呢？」劉邦說：「大家都知道，雍齒在我危難時落井下石，幾乎要了我的命。要不是他為我立了大功，我早就把他殺了。」張良說：「那好，我請您馬上封雍齒為侯。」

「可是……」劉邦有些為難，張良立刻道：「眾人一看連您最恨的人都得到封賞，自然就會放下心來。」劉邦立刻明白他的意思。

不久之後，劉邦大宴群臣，親自給雍齒祝酒，趁著大家都高興的時候，又當眾宣布封他為什方侯，接著將給所有的功臣封賞。

酒宴之後，將領們都放心了。他們說：「連雍齒這樣的人都受封為侯，我們還擔心什麼？」一場謀反煙消雲散。

有些人斤斤計較，只要別人有一點對不起他的地方，就懷恨在心。殊不知，這樣只會限制了自己的作為。

劉邦能原諒別人的過錯，為他贏得了更多的人才，亦為後來的霸業奠定了基礎，這一切都歸功於他的氣度。況且，劉邦已經成王了，雍齒就算曾經加害於他，現也不敢再動手，劉邦又有什麼好擔心的呢？更何況封侯之後，雍齒心存感激，也就能被劉邦所用了。

過去的恩怨是非，就隨風而去吧！不如一笑泯恩仇，將時間跟精力，花在更值得注意的事上。大丈夫不拘小節，以寬闊的心胸及恢弘的氣度，自然能行天下事。只記得舊仇，氣量狹小的人，是沒什麼作為的。

第二則

嚴於律己，寬以待人

「水至清則無魚，人至察則無友。」一個對一切都容不下的人，只是自己跟這個社會過不去。

三國時，曹魏的戰鬥力很強，這跟曹操的嚴法治軍有關，只要士兵犯法，必遭懲處。

有一次，曹操的親衛庫吏查驗倉庫時，發現曹操騎馬作戰所用的馬鞍被老鼠咬了個洞，管理倉庫的吏役大吃一驚，知道大禍臨頭了。

這副馬鞍不但製作精良，還鑲嵌著寶石，是曹操任濟南相剛發跡時請人製作的，曹操將它視為吉兆，每有大戰時必佩此馬鞍。現在卻被老鼠咬壞了，曹操哪能不怪罪呢？一旦曹操發怒，說不定自己的腦袋就此不保，庫吏想到這裡，急得痛哭失聲。

正巧，曹操最寵愛、最聰明的兒子曹沖路過庫房，聽見哭聲便來到倉庫。

「你為什麼哭呢？」曹沖詢問。庫吏見是曹沖，便把馬鞍拿出來給他看，又繼續哭泣。曹沖看了之後，不明所以，於是問：「保管不善，不過被打幾下罷了，犯得著這樣痛哭嗎？」

庫吏抹去眼淚，嘆了口氣說：「少主有所不知，此地的風俗是，見老鼠咬破了誰的衣服，便認為會有禍事臨頭。如今老鼠把主公的馬鞍咬破了，主公能放過我嗎？我死不足惜，只是家裡還有母親跟幼子，我死後他們又要由誰撫養呢？」說完又哭了起來。

曹沖聽完，眼珠轉了兩下，遂說：「你先別報告上去，我叫你過去時，你再過去。」庫吏點點頭，不明白這小主人有什麼妙計？

曹沖回到自己房中，找來剪刀，在自己的衣服上剪了幾個洞，弄得活像被老鼠咬過。然後去見曹操，滿面憂色。

曹操最得意、最寵愛的便是這位「智秤大象」的兒子，見他一臉哀傷，忙問：「怎麼了？」

曹沖裝出憂心忡忡地說：「人家都講被老鼠咬了東西，主人會倒楣，如今兒子的衣服被老鼠咬了，看來將有倒楣的事降臨到我頭上。」

曹操聽後，哈哈大笑，連忙安慰曹沖說：「命在己而不在天，說老鼠咬破了衣服主人會倒楣，那是胡言迷信。只要自己小心行事就沒事的，放心吧！」曹沖裝作轉憂為喜的樣子，高興地蹦跳著跑了。

曹沖來到庫房，叫庫吏馬上去稟告曹操，庫史上前領罪。曹操聽到自己的東西被破壞，剛要發怒，忽然發現曹沖站在門口，便知道曹沖剛才的用意了。

他一笑，說道：「沒關係，沖兒的衣服穿在身上都被老鼠咬了，何況放在庫房內的東西呢？」

曹沖原本準備若狀況不妙，便要進去救人，聽了曹操這麼講，偷偷一笑，跑走了。

曹沖巧施小計，救了庫吏一命，我們看到了他過人的智慧，更看到了他有一顆寬容的心。

人非聖賢，孰能無過？我們細想自己的人生中，難道沒有犯過一丁點過錯嗎？人犯錯的時候，自己已經夠懊惱了，光是這一點，對犯錯的人來說就已經是個很大的懲罰了，他將被自己的愧疚啃蝕，被自己的良心鞭笞，責罰他們於事無補，只會讓他人怨恨自己罷了！

憾。

如果這個人是因粗心、糊塗，而犯了錯誤，連個補償的機會都沒有，也是個遺憾。

人與人相處，不能冷冰冰的，是有感情、溫度的，過於嚴苛只會造成距離，或許在行賞刑罰當中，能夠收到立即的效果，但長遠來講，帶人需帶心，所以曹操也就原諒了庫史。事情可以求快速懲治，也可以求結局圓滿，端看人如何取捨。

犯錯的人，更不要拿著他人的原諒而不懂得自我反省，應該藉著這個機會改進自己，求一個革新的機會。得饒人處且饒人，多一點寬容，讓這個社會更和諧。

第三則

學會控制自己

人如果經常發怒，意味著自控能力極差，素質欠佳，容易因衝動而喪失理智，做出錯誤的決定。

西元二〇三年，曹操大兵伐吳，水陸並進，大有一舉吞併東吳之勢。這時諸葛亮已被劉備請下山，助他復興漢室。

諸葛亮分析天下形勢，認為劉備尚無立足之地，還不足以跟曹操抗衡。當下唯一可與曹操抵抗的，只有東吳一家，然而東吳軍之部分人馬，卻被曹操的氣勢所嚇倒，力主降曹。一旦東吳降曹，那麼曹操馬上會轉而全力對付劉備，這樣劉備的滅亡之日也就到了。

諸葛亮權衡形勢，定下聯吳抗曹之計。為了實現此一計畫，他孤身一人前去江東，意欲說服降軍，幫助東吳抗擊曹兵。

當時，東吳的主降派是張昭等一班謀士，主戰派則是以都督周瑜為領導，而國主孫權卻持觀望態度，搞得周瑜也沒輒。

諸葛亮明白若要說服孫權抗曹，首先要堅定周瑜的決心。於是他透過老朋友，也就是東吳重臣魯肅的關係，前去拜見周瑜。

周瑜是何等聰明人！他一聽說諸葛亮來訪，就明白劉備打算鼓動東吳抗曹，實際上為的是自保。說起周瑜的聰明才智，並不亞於諸葛亮，只是心胸氣度上略遜於孔明。於是他希望能利用這個機會挫挫諸葛亮的銳氣，大顯自己之威風。

於是，在諸葛亮來訪後，言談之間，周瑜一反常態，故意說些投降曹操的言論。魯肅是個老實人，一聽周瑜說要降曹，連忙好言相勸，周瑜和他爭論起來。諸葛亮卻看透了周瑜的把戲，只是笑而不搭話。

見諸葛亮沒有反應，這倒讓周瑜沒戲唱了，他只好問諸葛亮為何而笑，諸葛亮輕聲說：「我笑子敬不識時務。」子敬是魯肅的字。而這句話表面上是說魯肅不識形勢嚴峻，實際上是笑魯肅看不透周瑜的鬼把戲。

諸葛亮順著周瑜的話，列舉了曹軍東征西戰，殲滅各路諸侯的英勇戰績，簡直是長他人志氣、滅自己威風，周瑜不禁火惱起來，而諸葛亮最後還說：「周將軍決計降曹，是明智之舉，如此便能保全妻子仍享榮華。至於東吳社稷之存亡，那就聽天由命了。」一席話把魯肅說得大怒，痛斥周瑜不為國家著想。

周瑜怎會不知道諸葛亮的諷刺？他聽諸葛亮的話，早已怒火中燒，但他並未放棄，決心與諸葛亮周旋下去。於是周瑜說：「如此看來，諸葛先生也主張降曹，那我將勸說主公，向曹操獻上降表，割地求和。」

諸葛亮笑了笑，祭出重招，他輕聲說：「何用割地？只要獻上兩人，曹操就馬上收兵。只要將江東喬公二女獻給曹操，此事就成了。」周瑜一聽，火直往上衝，因為那天下聞名的江東二喬，已分別嫁給孫策和周瑜。

周瑜強壓火氣，反問原因，諸葛亮接著說：「曹操建銅雀台，收羅天下之美女，指名要得江東二喬以娛晚年，今次大兵壓境，沒準就是這個意思。將軍只要花點錢，從喬公手中把這二喬買來獻上。那樣，曹操馬上就會退兵的。」諸葛亮裝作不知大喬已嫁孫策，小喬已嫁周瑜，故意激他。

周瑜再也忍不住了，破口大罵：「曹賊欺我太甚！」諸葛亮依舊裝糊塗，笑著說：「哎，將軍之言差矣！昔日天子讓公主出塞和親，以免匈奴掠邊，您怎麼連兩個民女也捨不得！」

周瑜已被氣糊塗了，說明：「那大喬和小喬已分別嫁給先主和我了。」諸葛亮佯裝大驚，起身施禮說：「將軍恕罪，亮實不知情，才這等胡說的。」

周瑜仍大怒：「曹賊欺我太甚，我誓與其拚殺到底！」諸葛亮一見周瑜中了激將法，心中暗笑，但表面上仍裝作冷靜地說：「將軍三思而後行，曹操勢力確實不小啊！」直把周瑜氣得臉色發青。

諸葛亮先用「奪國」，後用「奪妻」，層層進逼，終於把周瑜激怒了，控制局面。周瑜原本是想挫挫諸葛亮的銳氣，沒想到反而被他激起怒氣，孔明不過區區幾句話，他就破了功，連周瑜這麼足智多謀的將才都被孔明耍得團團轉，我們更應該警惕控制自己的脾氣。

一個人如果無法控制自己的脾氣，不要說大事，甚至在日常生活上，也很容易引起糾紛。

控制自己的脾氣，是個人的修養、也是種修練，為自己省去麻煩，我們要懂得控制、收斂自己的脾氣，而不是讓脾氣成為我們的主人。

第四則

不要被感覺帶著走

做事不能憑感覺，意氣用事必有麻煩。只有憑理智行事才不會出差錯，免得自己後悔莫及。

劉備趁著吳、曹大戰，巧奪荊州後，東吳對於此事一直耿耿於懷，伺機奪取。而劉備也看透了這一點，他在取得蜀川之後，留下最得力的大將關羽鎮守荊州。

關羽雖然威猛，但東吳一直沒有放棄荊州，派了大將呂蒙駐在陸口，以抵擋蜀國劉備進攻，伺機奪取。但關羽謹慎，不輕易對外用兵，保持著軍事優勢，使呂蒙無處下手。

日久天長，關羽見東吳不敢妄動，又見其他將領跟著諸葛亮東征西伐，立下不少汗馬功勞，而自己卻只能靜守荊州毫無功績，便想做點大事。

這時，見曹仁所駐守的樊城兵力空虛，關羽便打起樊城的主意，想要奪下樊城立點功勞，但又怕東吳會趁此來奪荊州，舉棋不定。

呂蒙得知消息，心想機會來了，他為了強化關羽去戰曹仁的決心，便假裝有病而返回建業。臨走前，呂蒙任命尚無名聲卻熟讀兵書的陸遜為右都督，代替自己鎮守陸口。關羽聽聞消息，以為沒有後顧之憂，便準備進軍樊城。

這時，新上任的陸遜為了讓關羽離開荊州，獻給關羽一封信，信上說：「久聞關將軍威名，可以與晉文公、韓信齊名。自己是一介書生，不懂軍事，今後還得仰仗將軍看顧，保持兩軍相安無事便足願矣。」關羽得了此信，信以為真，馬上進軍樊城。

話說關羽離開荊州，帶走了大批軍力，致使荊州兵力空虛。呂蒙探到消息，便從建業發水軍，直指荊州。呂蒙與陸遜會合後，把兵船扮成商船模樣，沿著漢水，上溯至荊州。就在關羽水淹于禁等七軍之後，呂蒙、陸遜也拿下荊州。

關羽急於建功立業，意氣用事，輕信了陸遜的話，最後大意失荊州，陰溝裡翻船。

許多人辦事只逞一時之意氣，那是他們缺乏耐性，焦躁不安，要不然就是看輕敵手，失去警戒，關羽在失去荊州這件事上，便是後者。不論是哪種狀況都缺乏沉穩、理智。想要做大事的人，絕對不能憑感覺行事，要不然只會懊悔莫及。

凡事都需要靠嚴謹的思慮、縝密的規劃，唯有保持清明的腦袋，不被自己的情緒所影響，才不會讓衝動壞了計畫，才能夠在商場、職場上，占一席之地。

面對情勢的變化，我們的情緒往往會因而波動，此時更需要堅定自己的心性，如此便能避免很多意外，只要我們堅持初衷，再伺機行動，必有一番作為。

第五則

做一個勇於實踐的人

除了思想，還得付出實際行動。勇於實踐才能出真知。光想不做，光學不用都於己無益！

中國的四大發明分別是：火藥、指南針、造紙和印刷術。而印刷術的活字印刷是宋代人畢昇所發明的，比起歐洲的活字印刷還要早很多年。

畢昇是杭州一家印書作坊的工人。起初，他在作坊裡學刻字，把一個個漢字雕在木板上，這就是雕版印刷。畢昇刻的字又整齊又漂亮，作坊裡的人都很尊敬他。

有一次，作坊裡要趕印一本書，但由於一位刻字工人在一片版子上，刻錯了一個字，整個版面就報廢了，不僅浪費了人力和物力，還耽誤了工期。畢昇看了之後，心想：「如果整個版子上的每個字都是活動式的，刻錯了，能隨時換一個該多好啊！」

他又想：「書一印完，版子就沒用了，要是用一個個單字來排版，印完一本書，拆了版就可以排別的書，不是既省時又省力嗎？」畢昇不光是想，他還付諸行動，開始試著刻木頭的活字，但效果並不理想。

過了一陣子，有一次畢昇到一個窯廠看一位朋友，看到工匠們正在裡面製坯燒窯，製作陶器，他看著看著忽然有了想法。

回來之後，他學窯廠裡工匠製作陶坯的樣子，先用泥土做成一個個小型長方體，把頂端切平後，像刻圖章一樣，刻上一個個單字，再放到窯中去燒，等到燒好後，他又把每個字按照音韻排列好，以便查用。每次要印書時，就將需要的字一個個撿出來，按書稿的要求，一行一行排在鐵板上，周圍再用鐵框壓緊。這樣，一個活字版就做好了。

可是，最初的活版毛病竟出在「活」字上。因為印書的時候，印多了，字就擺不平整，有的字印出來了，模模糊糊看不清楚，有的甚至印不出來。

畢昇遇到困難，並不放棄，又進一步研究，改進了組版的方法。為了使每一塊活字版，形成平整堅固的整體，他除了在版子的周圍用鐵框固定，還預先在鐵框上放進一些松脂、蠟之類的黏合材料，然後他再將鐵框放在火上烘烤，使脂蠟熔化，再趁熱用木板把活字壓平、冷卻後，平整的活字就牢牢地固定在鐵框裡了。

印完後，畢昇再將鐵板烤熱，松香和蠟熔化了，就能將活字一個個拆下來，保存好以後再用。

可惜的是，在當時畢昇這項具有世界意義的重大發明，並沒有引起人們的重視，也沒有得到推廣。畢昇死後，他製作的活字印刷版被宋代科學家沈括的祖上收藏起來。後來，沈括在他所著的《夢溪筆談》裡記錄了這項發明，才使得活字印刷術流傳下來。

一個人即使腦袋再聰明、學識再淵博，若不懂得將所學實際運用，也是枉然，畢昇如果只是將他的想法放在腦中，十年、二十年後，中國的印刷的技術還是跟以前一樣，一點進步也沒有。

很多人總是說「若我當初如何，現今就……」。言下之意，彷彿他們的想法非常偉大，只是沒有去做罷了！然而，一個沒有透過「實踐」的夢想，只是紙上談兵，除了拿出來聊天、說嘴，沒有其他作用。這樣的人，永遠只能抱著自己的夢想，而不是實踐夢想。

坐而言不如起而行，如果當時能將想法付諸行動，現在還會坐在一旁懊悔嗎？不要讓我們的夢想成為空談，好好去落實它吧！唯有「行動」，才能讓我們的夢想真正實踐！

第六則

處變不驚，終成大事

衝動只會壞事，慌張則一事無成，面對任何意外都不要被情緒左右，抱以平常心就能渡過險境。

西元二一五年，曹操率領大軍討伐張魯，在合肥留下七千守軍和一封信，信封上寫道：「敵人來了再打開看。」

八月，孫權軍隊果然帶領十萬人馬圍攻合肥。此時，合肥城內有張遼、李典、樂進率七千人馬屯兵駐守。

孫權大兵到達，張遼等人急忙打開信箋，信中寫著：「孫權如若來犯，由張、李將軍出戰迎敵，樂將軍守城，護軍不要參戰。」

將軍們認為如此寡不敵眾，都懷疑曹操的指示有問題。張遼說：「魏公遠征張魯，等他派救兵到這，我們早已被攻破了。所以他在信中指示，在敵人安排妥當前，先給予迎頭痛擊，摧折敵軍氣焰，方能安定我軍軍心，然後才可回城固守。」樂進等人都沉默不語。

張遼氣憤地說：「勝負成敗，在此一戰。諸位若還猶豫不決，我張遼獨自決一死戰便是。」

李典原本與張遼不和，此刻卻感慨地說：「這是國家大事，您的計謀是為國家著想，我怎麼能因為私人的恩怨而損害公義呢！好！我將和您一起出戰。」於是，張遼當夜募集敢死隊員八百人，殺牛設宴，隆重犒勞他們。

第二天清晨，張遼身穿鐵甲，手持戰戟，他身先士卒，衝鋒陷陣，殺了數十名敵人，斬了兩員大將高喊著自己的名字，衝破敵兵營壘直殺到孫權的大旗之下。

孫權未料到張遼如此勇猛，心中大驚，急忙退到一座高丘上，用長戟自衛。張遼大聲叫喊著，要孫權下來決一死戰，孫權偏不應戰。等他靜下心來，方才看出張遼的人馬並不多，便下令將張遼重重包圍。

張遼被圍，急忙突破，身邊卻僅帶出數十人，他還來不及逃出，陷在敵陣中的手下則高喊：「將軍要拋棄我們嗎？」張遼聞言，又返身殺回，再度衝出重圍，救出其餘的戰士。孫權的人馬都望風披靡，不敢抵擋。

這場戰事，從清晨一直戰到中午，東吳的士兵十分沮喪，全無鬥志。張遼則命令回城，部署守城，整修城防，軍心開始安定下來。

孫權圍攻合肥十多天，始終無法破城，只好撤軍。士兵們集合列隊上路，孫權和部下將領們還在逍遙津北岸，被張遼發現，張遼率步騎兵急忙殺到，而孫權的手下甘甯、呂蒙等人奮力抵禦，凌統率領親兵，攙扶孫權衝出包圍，又殺進去與張遼奮戰，不但身邊的戰士全部戰死，他自己也受了傷，估計孫權已無危險，他才撤回。

孫權乘著駿馬來到逍遙津橋上，橋南邊的橋板已經撤去，親兵監谷利在孫權馬後，要孫權坐穩馬鞍，放鬆韁繩，他在後面猛加一鞭，戰馬騰空躍起，如箭般射向南岸。賀齊率三千人在南岸迎接，孫權因而倖免於難。

孫權登上大船，在船艙設宴飲酒壓驚，賀齊從席間走出，流著淚說：「主公貴為一國之尊，做事應處處小心謹慎，今天的事情，幾乎造成巨大災難。我們這些部屬深感震驚，如同天塌地陷，希望您永遠記住此一教訓。」

孫權親自上前為賀齊擦去眼淚說：「我很慚愧，一定把這次的教訓銘刻在心，絕不僅僅用筆記錄下來就算了事。」

此次孫權率大軍出征，以為能夠憑藉懸殊的兵力，強取豪奪，卻沒有萬無一失的戰略準備，反被逼入絕境，險些送命，他萬萬沒想到張遼等人才七千兵馬，竟可破他十萬大軍？

張遼、李典、樂進等人，在沒有曹操的帶領下，竟然可以抵禦孫權？除了曹操深諳他們的個性及武力，妥善安排，更重要的是他們面對孫權的大批軍馬時，並不慌亂，除了照著指示，更沉穩的面對大軍的挑戰。

我們遇事也應當定下心來，不論風吹草動，都不能亂搖我們的心。凡做大事的人，任何事情都不能使其驚慌失措。看看那些英雄豪傑，每個人都見過多少大場面，對他們來說，再危險的局面，也不過只是種經歷。

曾國藩言：「恆言平穩二字極可玩，蓋天下之事，惟平則穩。行險亦有得的，終是不穩，故君子居易。」面對任何事時，最重要的就是沉穩，如此才能做出正確的決策，而不至於犯下錯誤。

第七則

萬事通才能解萬事

在複雜多變的環境中，我們要多方掌握資訊，才能夠處理重要事務及解決問題。

北宋年間，在一個縣城的大堂上，一位身強力壯的漢子，被打得皮開肉綻，血流如注，其慘叫聲令人毛骨悚然！但他仍不肯承認自己殺人，結果又是被毒打一頓。郡守會這麼做是有原因的，因為這名漢子被人狀告殺了妻子，人命關天，郡守自然嚴峻。

只見那漢子即使被打仍不肯承認，逕自喊冤，他哭訴道：「大老爺，我真的是冤枉啊！我外出做生意一個月，那天剛進家門，便見到愛妻倒在血泊中，身首異處，連頭都不見了，便急忙趕到岳父家，通報此事，可是愛妻娘家的人卻一口咬定人是我殺的，告我死罪。大堂之上，嚴刑逼供我實在受不了。如今想想，愛妻已經死了，我活著也沒意思，只求老爺賞我個痛快！讓我去陪陪愛妻吧！」

由於這名漢子堅不承認是自己殺人，又如此辯解，這時躲在幕後的師爺起了惻隱之心，同時疑雲也隨之團團湧出。

他從幕後踱到堂前，悄悄告訴郡守：「大人，人命關天，兒戲不得。一個做丈夫的豈會忍心殺死妻子？況且他又常常出門在外，即使存心殺妻，也會找些措詞好逃避罪責，比如病死，或是暴斃什麼的。如今死者身首異處，只見屍，不見首，其中必有文章。我看還是再細查一下吧！」

郡守覺得有理，便點頭說：「交給你辦吧。」師爺欣然從命，他先把這個嫌犯關押起來，然後命人吩咐全城的仵作，明天在郡守大堂集合。

仵作們得到命令，第二天全都來了，師爺參與其中，一副輕鬆悠閒的樣子，他時而談笑風生，時而問些鄉俗民情之事，仵作們見沒什麼要緊事，便開始閒聊了起來。

師爺請他們談談近日幫人安葬的瑣事，佯裝很感興趣，細問相關的來龍去脈。這時，有一人漫不經心地說：「我在幫城東門一家大財主辦事時，聽人們講這財主殺了一個奶媽埋在西山亂葬崗了。」

師爺聽罷，心想有門路了。即刻派人按圖索驥，挖開墳墓，開棺驗屍，發現棺中只有一顆女人的腦袋！他馬上下令押了那名漢子來認，漢子道：「這不是我愛妻！」

師爺回到郡衙，連忙將涉案的財主傳訊上堂，三堂會審後，只見那財主面如死灰，渾身發抖，不得不交待說：「我跟那漢子的婆娘私通，先殺了奶媽，砍下她的頭埋了，再給奶媽的身子穿上那婆娘的衣服，扔在漢子家裡以圖陷害，達到金屋藏嬌的目的。望請大老爺恕罪，饒我一命，小的再也不敢胡作非為啦！」

郡守自然不會放過殺人兇手，他下令判斬財主，替奶媽償命，又將婆娘訓斥了一番。那漢子當然無罪釋放了。

電影「〇〇七系列」中，多的是情報員前去竊走資訊，藉由多方的資訊，才能決定下一步要怎麼做。有些雖然看來奇幻，卻也讓人明白資訊的重要性。

我們面對事物時，如果沒有十成十的把握，就要多方搜尋資訊，以查明真相。好比警方辦案，若不多方搜尋，又怎麼從各方線索當中，找出犯人呢？正是取決於各方線索，促使我們依照事證來進行判定。

資訊的存在，正是讓我們辨明案情、判斷決策的依據。若是未驗證資訊真偽而做出選擇，沒出事也只是僥倖罷了！多方蛛絲馬跡就像是一道濾網，為世人留下真相。

這些線索不會自動出現，需要我們主動去搜索求證，另一方面，也要查清楚資訊的真偽，掌握事情發展的動態，才能真正解決問題。

第八則

見微知著避禍害

任何災難的形成，都是由小到大，因此我們須防微杜漸，將災難和危險抑制在萌芽階段，提早防範，才不致釀成大禍。

齊桓公在鮑叔牙的說服下，不計私仇，尊賢禮士，拜管仲為相國，再用豐厚的俸祿請管仲做事；管仲感念其知遇之恩，竭忠盡智，修理國政，立綱陳紀，省刑罰，薄稅斂，銷山為錢，煮海為鹽，屯田練兵，不過幾年，就把齊國治理得民富兵強。

齊桓公豁達大度，用賢不疑，內尊王師，外攘四夷，在各國諸侯中樹立了威信，漸漸有稱霸中原之圖。然而衛國的國君卻並不肯聽從齊國號令，經常反覆並多次毀約敗盟，齊桓公對衛國很是頭疼，他便和管仲討論要攻打衛國，以示懲戒。

這一天，齊桓公和管仲議事圓滿，下朝之後，回到寢宮準備休息，妃子衛姬看了齊桓公的臉色，忽然退到堂下，伏地向桓公拜倒，焦慮詢問桓公到底為了什麼要去攻打衛國。

桓公一驚，心想：「明明是極其機密的事，她如何知道呢？」於是扶起衛姬，問她怎麼會得知此事。

衛姬說：「您退朝回宮時，意氣高揚，威儀非凡，臉上有股殺伐之氣自然流露出來。但一見到妾，態度就變溫和了，卻顯得有幾分怕妾的樣子；以齊國今日之威望，您誰都不怕，唯獨怕妾，肯定是念及衛國是我的父母之邦，有些不忍心罷了。所以妾猜想您一定是想伐衛了。」

桓公平時最寵衛姬，見她說破心機，愈佩服她的聰明，經不起美人兒的苦苦哀求，終於放棄了伐衛的念頭。

第二天上朝，桓公見到管仲，正在煩惱要怎麼跟管仲解釋？遲遲無法開口，管仲微微一笑，倒是先開口了：「主公不打算攻打衛國了，是嗎？」

桓公又是一驚，問道：「寡人尚未開口，相國怎麼知道我改變主意了？」

管仲說：「今日上朝，君臣相見，主公搶先向臣打拱作揖，執意讓我先行，與平日待臣之儀大不相同。對話之間，您又吞吞吐吐，似有難言之隱，我想主公肯定是為取消昨日伐衛的計畫為難，恐臣對捨衛不滿。」桓公見管仲同樣道破他的心機，不禁哈哈大笑起來！

「齊國有這樣聰明機智的相國、王妃，真是寡人之幸啊！」接著，他又恭敬問管仲：「寡人確實改變了主意，相國何不教我一個既不攻打衛國，又可使衛侯臣服之策？」

管仲便寫了一封國書，令使者送給衛侯，曉以大義，訴之利害。衛侯觀後，親至齊國謝罪，從此成為聽命齊桓公的盟國。

大大小小的災禍，其實在發生之前，就已經有了徵兆。衛姬能夠洞察細微，見微知著，想方設法，使齊桓公伐衛的想法泯於雛形，免除了戰爭的災難，就是靠她敏銳的觀察力。

任何事情在發生之前，都有徵兆，或明顯、或隱晦，需要靠我們的觀察，讓它浮現，在它還沒釀成更大的災禍之前，先做防範。

我們在日常生活中，也可以多注意身邊所發生的大小事，透過細心的觀察，便可以避免災禍。

第九則

打造自己的人格魅力

人的靈魂和氣質決定了他的層次，一個有人格魅力的人，才能得到別人的尊敬和幫助。

有一天，魯國的大夫叔孫武叔，在朝廷對著其他官員說：「大家都說孔子了不起，我看子貢比他的老師強。」

子服景伯聽聞此言，將之轉告子貢。子貢不以為然地笑笑說：「這話就不對啦！我怎麼及得上老師呢？就拿房屋的圍牆來比喻吧！我就像高度只到肩膀的圍牆，每個人都可以一眼就看穿我，看穿我的好處。但老師就像宗廟的圍牆，高達數丈，一般人找不到大門進去，自然就看不見宗廟裡的壯美。或許能夠找著大門的人並不多吧？因此叔孫武叔老先生會那麼說也是很自然的。」

後來，子貢又聽說大夫叔孫武叔譭謗自己的尊師孔子，心裡很是氣憤，他找到叔孫武叔說：「請先生您別這麼做！我的老師孔仲尼夫子不是你能詆毀的。常人之賢能好比小山丘，尚可越過；但仲尼老師之賢卻好比太陽和月亮一樣，是無法超越的。縱使有人訴說太陽、月亮的不是，可那對於太陽、月亮又有什麼損害呢？只是看出說這話的人太不自量力罷了！」

又有一次，有人對子貢說：「您對仲尼那麼恭敬，難道他真的比您強嗎？」子貢說：「平常人是無法趕上我的老師孔夫子的，這就像造了梯子就以為能一階一階的往上爬？那是不可能的。夫子如果當上國家的君主，或是得到采邑而成為卿大夫，他要百姓站住腳跟，百姓便自然都站住腳跟。若引導百姓前進，百姓自然會跟著前進；若要安撫百姓，百姓人人都前來投奔；若動員百姓，百姓自然會同心協力。他老人家生得光榮，死得可惜，別人怎麼能趕得上呢？」

孔子一生育人無數，潛心研究學問，傳承儒學，並留下不少發人深省的名言，其為人處世折射了人格的魅力。因此，被後人稱頌為「至聖先師」、「萬世師表」。

一個人能令人打從心裡佩服的，不是因為他的穿著，也不是因為他的財富，可能是智慧，或是氣質。然而更可貴的，是一個人的人格，這些人即使不說話，也會讓人心悅誠服，願意跟在他們身邊，聽他們的智慧之語，或教導、或指示，只要跟他們在一起，就會覺得美好。

就像孔子，具有良好的人格魅力，人們只要懂得進入那道大門，便能領略宗廟之美，而視其他於無物。具有良好人格之人，才能贏得他人的尊敬；做一個人格具備魅力的人，你的生命就會更加精彩。

以史為鏡 的 Smart Talk

- 明智的判斷和謹慎的行動：梅國楨在面對韃靼首領提供的玉璽時，沒有盲目接受，而是謹慎地要求檢查真偽。這提醒我們，在重要的決策和交往中，要有明智的判斷，不要輕信對方的陳述，並謹慎行動。
- 謹慎選擇朋友：選擇和交往的朋友對你的價值觀和生活方式有很大影響，應選擇正面影響力的人。
- 善待他人：待人要真誠友善，建立良好的人際關係，這有助於生活和工作中的合作和協調。
- 不要輕忽細節和可能性：東周王的守將因為細心檢查來往人士，發現了間諜，這表明細節和可能性的重要性。在決策和行動中，我們應該仔細考慮各種可能性，不要忽視任何細節，以確保做出明智的決策。
- 避免引起不必要的糾紛：郭子儀在招待盧杞時避免引起不必要的糾紛，儘管盧杞有不受歡迎的外貌和性格。他的行為反映出避免無謂的沖突和麻煩是一種明智的舉措。我們可以學習在交往中保持冷靜，不輕易引起不必要的爭執。

- 做聰明的金錢管理：理性管理財務，避免浪費和過度消費，建立穩健的財務基礎。
- 聆聽別人的建議：開放心胸，願意接受別人的建議和意見，有助於成長和改進。
- 保持彈性：生活充滿變數，應保持彈性思維和應變能力，以適應不同情況。
- 善用時間：有效管理時間，平衡工作、娛樂和休息，以提高生活品質。
- 保持紀律：設定目標並堅持追求，這有助於實現長期成功。
- 理解人性：了解人性的複雜性和不確定性，尊重不同觀點和文化，有助於更好地與他人相處。

國家圖書館出版品預行編目資料

解讀歷史學處事巧做人 / 上官雲飛著. ——初版——新北市
：晶冠出版有限公司，2023.09
面；公分．——（智慧菁典 ； 31）

ISBN 978-626-97254-3-4（平裝）

1.CST: 修身

192.1　　112014380

智慧菁典　31

解讀歷史學處事巧做人

作　　者　上官雲飛
行政總編　方柏霖
副總編輯　林美玲
校　　對　蔡青容
封面設計　王心怡
出版發行　晶冠出版有限公司
電　　話　02-7731-5558
傳　　真　02-2245-1479
E-mail　ace.reading@gmail.com
總 代 理　旭昇圖書有限公司
電　　話　02-2245-1480（代表號）
傳　　真　02-2245-1479
郵政劃撥　12935041 旭昇圖書有限公司
地　　址　新北市中和區中山路二段352號2樓
E-mail　s1686688@ms31.hinet.net
印　　製　福霖印刷有限公司
定　　價　新台幣380元
出版日期　2023年09月 初版一刷
ISBN-13　978-626-97254-3-4

※本書爲改版書，
原書名爲《從歷史看做人、讀歷史巧做事》。